Die bedingte Aussetzung der Strafvollstreckung in Preußen und im Reich

nach den am 1. Juni 1922 geltenden Bestimmungen.

Von

Dr. Albert Hellwig

Landgerichtsdirektor in Potsdam.

Berlin 1922

Verlag von H. W. Müller

SW. 68, Schützenstr. 29/30.

Druck von Dr. F. P. Datterer & Cie., Freising-München.

Vorwort.

In meiner Schrift über „Die bedingte Aussetzung der Strafvollstreckung in Preußen“ (Berlin 1921) habe ich den Erlaß der Preußischen Staatsregierung vom 2. August 1920 über die bedingte Aussetzung der Strafvollstreckung juristisch und kriminalpolitisch ausführlich erläutert. Durch weitere Erlasse und Allgem. Verfügungen sind inzwischen diese Bestimmungen in einzelnen Teilen abgeändert und ergänzt worden, auch sind jene Bestimmungen auf die außerordentlichen Gerichte für anwendbar erklärt worden. Eine Veröffentlichung der durch diese abändernden und ergänzenden Erlasse und Allgem. Verfügungen sich ergebende Neufassung des Textes ist bisher nicht erfolgt. Für den vielbeschäftigten Praktiker ergeben sich hieraus manche Unzuträglichkeiten. Es erschien deshalb angebracht, die sämtlichen Erlasse und Allgem. Verfügungen in ihrer jetzt geltenden Fassung neu zu veröffentlichen. Um aber den Umfang des Büchleins und damit seinen Preis nicht über Gebühr anschwellen zu lassen, erschien es zweckmäßig, dem Wunsche des Verlegers zu entsprechen und die Einleitung sowie die durch die Neufassung nicht berührten Anmerkungen in diese Neuausgabe nicht mit zu übernehmen. Ich habe hier deshalb lediglich Zusätze zu den bisherigen Anmerkungen gemacht, soweit sie erforderlich oder erwünscht erschienen, und in einer neuen Einleitung in Ergänzung der früheren Einleitung auf einige neu hervorgetretene Gesichtspunkte hingewiesen. Wem es lediglich auf den Text in der jetzt geltenden Fassung der Erlasse und Allgem. Verfügungen ankommt, der kann sich mit dem vorliegenden Büchlein begnügen, wer dagegen auch einen Einblick in die allgemeinen Gesichtspunkte wünscht, die bei der bedingten Aussetzung der Strafvollstreckung zu beachten sind, oder wer eine vollständige Erläuterung wünscht, der muß sich außerdem noch die erste Ausgabe meiner Schrift verschaffen.

Die Druckanordnung ist folgendermaßen erfolgt: Zunächst Abdruck der Erlasse der Preußischen Staatsregierung vom 2. August 1920 sowie die Erlasse des Preußischen Staatsministeriums vom 25. Mai und 24. Juni 1921, alsdann die Allgemeinen Verfügungen des Justizministers vom 19. Oktober 1920 in der Fassung der Allgemeinen Verfügungen vom 15. Juni und 29. Juni 1921 und schließlich die Erlasse des Reichspräsidenten vom 24. April und 10. August 1921, des Reichsjustizministers vom 10. Juni und 22 .August 1921 sowie Allgemeine Verfügungen des Justizministers vom 15. Juni und 29. August 1921. In Anm. 36 c ist noch die Verfügung des Justizministers vom 12. April 1921, Anm. 86 a, die Allgemeine Verfügung des Justizministers vom 29. Juni 1921 sowie §§ 5 bis 8 des Gesetzes zur Erweiterung des Anwendungsgebietes der Geldstrafe und zur Einschränkung der kurzen Freiheitsstrafen vom 21. Dezember 1921, in Anm. 95 die Allgemeine Verfügung des Justizministers vom 19. Januar 1922, in Anm. 20 a die Allgemeine Verfügung des Justizministers vom 4. April 1922, in Anm. 36 c die Verfügung des Justizministers vom 12. April 1922 in Anmerkung 93 die Verfügung des Justizministers vom 5. September 1921, in Anm. 138 b die Verfügung des Justizministers vom 21. April 1922, in Anm. 145 die Verfügung des Justizministers vom 21. April 1922 und in Anm. 1 der Erlaß des Preußischen Staatsministeriums vom 2. Mai 1922 sowie die Gemeinschaftliche Verfügung des Justizministers und des Finanzministers vom 3. Mai 1922 abgedruckt worden.

Potsdam, den 15. Mai 1922.

Albert Hellwig.

Einleitung.

In der Einleitung zu der ersten Ausgabe meiner Schrift bin ich davon ausgegangen, daß es nicht möglich sein würde, in absehbarer Zeit die Freiheitsstrafe zu entbehren, selbst nicht die kurzzeitige Freiheitsstrafe. Diese Ansicht hat kürzlich auch der gegenwärtige Reichsminister der Justiz, Dr. Radbruch, erfreulicherweise mit klaren Worten ausgesprochen.[1] Ich wies aber auch darauf hin, daß der Versuch gemacht werden müsse, die kurzen Freiheitsstrafen soweit als möglich durch andere Mittel, deren spezialpräventierende Wirkung besser und deren generalpräventierende Wirkung womöglich nicht geringer sei, zu ersetzen. Ich betonte in diesem Zusammenhange auch, daß es erwünscht sei, nach Möglichkeit in allen geeigneten Fällen dem Verurteilten bestimmte Auflagen zu machen, ihm insbesondere die Zahlung einer Geldbuße aufzugeben, um das Aufkommen der gefährlichen Meinung zu verhindern, daß eine Straftat, wenn Aussetzung gewährt werde, keinerlei üble Folgen für den Täter habe. Ich wies endlich darauf hin, daß die Verbindung der Aussetzung mit der Auflage der Zahlung einer Geldbuße zu dem erfreulichen Ergebnis führen könne, daß auch in zahlreichen Fällen, in denen nach dem Gesetz nur die Verhängung einer Freiheitsstrafe zulässig sei, tatsächlich doch der Täter nur ein der Geldstrafe gleichartiges Strafübel zu erleiden habe.

Diese Gedankengänge haben inzwischen recht erfreuliche weitere Fortschritte gemacht. Es hat nicht nur der preußische Justizminister Gelegenheit genommen, auf die Auflage der Zahlung einer Geldbuße mehrfach hinzuweisen, sondern es ist auch durch das Geldstrafengesetz, oder wie es amtlich etwas schwerfällig heißt, das „Gesetz zur Erweiterung des Anwendungsgebietes der Geldstrafe und der Einschränkung der kurzen Freiheitsstrafen“ vom 21. Dezember 1921 (RGBl. S. 1604) die möglichste Beseitigung der kurzen Freiheitsstrafen in ganz außerordentlicher Weise gefördert worden, und zwar im ganzen Reich, nicht nur in Preußen, Bayern und den anderen Ländern, welche bisher die Aussetzung der Strafvollstreckung den Gerichten übertragen haben.[2]

---

[1]) Bei der 2. Lesung des Geldstrafengesetzes am 17. Dezember 1921 (Reichstag, Stenogr. Berichte; 152. Sitzung S. 5308 ff.).

[2]) Bayern durch Bekanntm. des Staatsministeriums der Justiz vom 11. Juli 1919 (JMBl. für den Volksstaat Bayern 1919 S. 239); Baden durch Verordn. des Staatsministeriums vom 17. Dezember 1919 (JMBl. für Baden Bd. 9 S. 153); Hamburg durch VO. des Senats vom 22. Dezember 1920 (Amtsblatt der Freien und Hansestadt Hamburg S. 1520, durch die

Von so großer Bedeutung aber auch das Geldstrafengesetz ist, so darf man doch nicht in den Fehler verfallen, anzunehmen, daß nunmehr die Aussetzung der Vollstreckung der Freiheitsstrafen eine erhebliche Rolle nicht mehr spielen werde. Dies trifft keineswegs zu, auch dann nicht, wenn man völlig davon absieht, daß nach der Begründung des Gesetzentwurfes zu § 8 und nach der Allgem. Verf. vom 22. Dezember 1921 (JMBl. S. 665) II 3 die Aussetzung der Ersatzfreiheitsstrafe der in § 8 jenes Gesetzes vorgesehenen Anordnung des Unterbleibens der Ersatzfreiheitsstrafe regelmäßig vorzuziehen ist.[1]) § 3 des Geldstrafengesetzes bestimmt: „Ist für ein Vergehen, für das nach den bestehenden Vorschriften Geldstrafe überhaupt nicht oder nur neben Freiheitsstrafe zulässig ist, Freiheitsstrafe von weniger als drei Monaten verwirkt, so ist an Stelle der Freiheitsstrafe auf Geldstrafe bis zu hundertundfünfzigtausend Mark zu erkennen, wenn der Strafzweck durch eine Geldstrafe erreicht werden kann." Es handelt sich zweifellos um eine Mußvorschrift.[2]) Für die Entscheidung der Frage, ob der Strafzweck durch eine Geldstrafe erreicht werden kann, gibt weder das Gesetz selbst noch auch die Begründung des Entwurfes irgendwelche Anhaltspunkte; doch wird man aus der geschichtlichen Entwicklung entnehmen dürfen, daß es vor allem darauf ankommt, ob auch bei Verhängung einer Geldstrafe künftiges Wohlverhalten des Täters erwartet werden kann, und in zweiter Linie, ob durch die Verurteilung zu einer Geldstrafe dem Vergeltungsbedürfnis des Verletzten und der Allgemeinheit genügt ist.[3])

Es gibt nun unbestreitbar zahlreiche Fälle, in denen es zweifelhaft sein kann, ob schon die Verurteilung zu einer Geldstrafe ausreicht, um das künftige Wohlverhalten des Täters zu sichern; es gibt auch Fälle, in denen diese Voraussetzung zwar gegeben sein mag, in denen aber die Verurteilung zu einer Geldstrafe so sehr dem Vergeltungsbedürfnis, soweit man als berechtigt anerkennen muß, widerspricht. daß sie nicht in Frage kommt. In solchen Fällen ist aber vielfach die Vollstreckung der erkannten Freiheitsstrafe nicht erforderlich: Dem Vergeltungsbedürfnis wird durch die Verurteilung zu einer Freiheitsstrafe unter gleichzeitiger Auferlegung einer entsprechenden Geldbuße Genüge getan und das Wohlverhalten des Täters scheint besser gesichert, wenn er nicht nur die Geldbuße zahlen, sondern auch damit rechnen muß, daß er die Freiheitsstrafe zu verbüßen hat, wenn

---

VO. vom 11. Juni 1920 (Amtsblatt S. 771) ersetzt ist; Lübeck durch VO. des Senats vom 10. Mai 1921 (Sammlung der Lübeckischen Gesetze und Verordnungen S. 95), und v. 5. November 1921 ebendort S. 156); Oldenburg durch Bekanntmachung vom 8. April 1921, 7. Juli 1921, 17. August 1921; in Thüringen liegt dem Landtag ein entsprechender Gesetzentwurf vor; Bremen durch Verordnung vom 11. Januar 1921 (Ges.Bl. S. 11).

[1]) Vgl. Hellwig, Das Geldstrafengesetz (München und Berlin 1922), Anm. 103.

[2]) Ebendort, Anm. 48. [3]) Ebendort, Anm. 37 ff., 46.

er sich während der Bewährungsfrist nicht gut führt. Ich glaube, derartige Fälle, in denen weder die Verhängung einer Geldstrafe noch auch die Vollstreckung einer Freiheitsstrafe, noch auch die einfache Aussetzung der Freiheitsstrafe kriminalpolitisch erwünscht wäre, in denen aber die Aussetzung der Freiheitsstrafe unter gleichzeitiger Auferlegung einer Geldbuße vom Standpunkt der Spezialprävention und der Generalprävention gleichermaßen sachgemäß erscheint, werden recht häufig vorkommen. Die Gerichte derjenigen Länder, denen die Aussetzung der Strafvollstreckung noch nicht übertragen ist, müssen freilich zwischen der Verhängung und Vollstreckung einer Freiheitsstrafe und der Verurteilung zu einer Geldstrafe wählen und werden von beiden das ihnen kleiner erscheinende Übel wählen. Wir aber wollen uns freuen, daß wir durch die uns mögliche Verbindung der Aussetzung der Vollstreckung der Freiheitsstrafen mit der Zahlung einer Geldbuße in der Lage sind, dieses immerhin wenig erfreuliche Ergebnis zu vermeiden.

Ob sich die Übertragung der Aussetzung der Vollstrekkung auf die Gerichte bewährt hat, das läßt sich bisher kaum mit einiger Zuverlässigkeit feststellen. Die seitdem verstrichene Zeit ist gar zu kurz. Insbesondere wäre es verfehlt, wenn man aus den Ergebnissen der Statistik kühne Schlüsse ziehen wollte, namentlich, wenn man aus der Tatsache, daß in sehr zahlreichen, immer häufiger werdenden Fällen von den Gerichten von der ihnen übertragenen Befugnis Gebrauch gemacht wird. ohne weiteres entnehmen wollte, daß sich jene Maßnahme bewährt habe. Man darf nicht vergessen, daß es nicht darauf ankommt, daß möglichst oft von der Aussetzung Gebrauch gemacht wird, sondern darauf, daß von ihr möglichst sachgemäß Gebrauch gemacht wird. Das ist aber nur dann der Fall, wenn zwar in allen geeigneten Fällen die Vollstreckung der Strafe ausgesetzt wird, aber auch nur in den geeigneten Fällen. Ein übermäßiges Anschwellen der Aussetzungen könnte darauf hindeuten, daß bei der Prüfung der Voraussetzungen, ob eine Aussetzung angebracht sei oder nicht, nicht in allen Fällen mit der erforderlichen Sorgfalt verfahren würde. Die Aussetzung der Strafvollstreckung auch in Fällen, die sich für sie nicht eignen, würde aber nicht minder bedauerlich und nicht minder gefährlich sein als die unnötige, vermeidbare Vollstreckung von Freiheitsstrafen auch in Fällen, die sich zur Aussetzung eignen. Erst in Jahren wird man aus der statistischen Erfassung des Widerrufs der Aussetzungen wenigstens annähernd zu beurteilen vermögen, ob die Aussetzung durch die Gerichte segensreich gewirkt hat oder nicht. Bis dahin wird jeder auf Grund seiner eigenen persönlichen Erfahrungen urteilen. Nach meiner, allerdings begrenzten, Erfahrung möchte ich annehmen, daß die Hoffnung berechtigt ist, daß im Großen und Ganzen bei den Aussetzungen die richtige Mittellinie innegehalten wird.

Die Aussetzung der Vollstreckung unter gleichzeitiger Auferlegung einer Geldbuße halte ich für so bedeutsam, daß ich es als erwünscht bezeichnen möchte, daß diese Fälle bei der Statistik besonders gezählt werden. Dies ist nicht nur deshalb erwünscht, um einen Überblick über die relative Häufigkeit des Widerrufs bei einfachen Aussetzungen im Verhältnis zu der Häufigkeit des Widerrufs bei Aussetzungen unter Auflage einer Geldbuße zu gewinnen, sondern auch, um beurteilen zu können, inwieweit der Gedanke des § 3 des Geldstrafengesetzes ohne Schaden für die Verbrechensbekämpfung nicht verwirklicht werden kann, wohl aber die Aussetzung der Vollstreckung der Freiheitsstrafe unter Auferlegung einer Geldbuße tunlich erscheint.

Bedauerlich ist es nur, daß auf diesem wichtigen Gebiete keine Rechtseinheit besteht.[1]) Es ist wohl kaum damit zu rechnen, daß die gesamte Strafrechtsreform schon im nächsten Jahre durchgeführt wird. Vermutlich werden noch Jahre vergehen, bis wir ein neues Strafgesetzbuch erhalten. Das liegt wohl auch im Interesse der Sache, mag auch der Entwurf von 1919 vom Standpunkte des Fachmannes aus in seinen Grundzügen und in seinen wesentlichen Einzelheiten als durchaus brauchbare Grundlage unseres neuen Strafgesetzbuches erscheinen. Es möchte sich empfehlen, wie man dies bei den wichtigsten reformbedürftigen Punkten getan hat, so auch die Aussetzung der Vollstreckung von Freiheitsstrafen durch die Gerichte gesetzlich zu regeln.[2]) Es wird dann allerdings nicht mehr möglich sein, auch nur annähernd so eingehende Anweisungen zu geben wie in den bisherigen Allgem. Verf. Doch kann man es als einen Vorzug bezeichnen, daß der Richter freier gestellt wird, da man von der Voraussetzung ausgehen darf, daß die Richter kriminalpolitisch genügend geschult sind, um auch ohne bis ins Einzelne gehende Anweisungen das Richtige und Zweckmäßige zu treffen. Übrigens würde nichts im Wege stehen und sogar empfehlenswert sein, die bisherigen Allgem. Verfügungen nach entsprechender Abänderung als Richtlinien beizubehalten. Hoffen wir, daß uns das Jahr 1922 die gesetzliche Regelung der Aussetzung der Vollstreckung von Freiheitsstrafen durch die Ge-

---

[1]) So mit Recht Nöldeke in DStrZ. 1921 Sp. 36. Vgl. auch Vogel in DRZ. 1921 Sp. 295. — Sehr scharf v. Hippel in ZſStrW. 42 S. 197 f.: „Als Resultat partikulärer Zersplitterung immer erneutes Experimentieren statt einheitlicher prinzipieller Regelung, eine Flut fürsorglicher, mehr oder weniger brauchbarer Anweisungen statt freien richterlichen Ermessens und dazu eine unverantwortliche Zeit- und Kraftvergeudung für die verschiedensten beteiligten Behörden, die insgesamt die Hauptsache nicht fördert, sondern schädigt."

[2]) So auch v. Hippel a. a. O.: „Die Frage ist gesetzgeberisch völlig spruchreif und muß baldigst — nicht erst bei der großen Strafrechtsreform — durch ein klares, wenige Begriffe umfassendes Reichsgesetz einheitlich geregelt werden ... Es handelt sich hier um eine Frage der richterlichen Strafzumessung. Als solche unterliegt der Ausspruch des Gerichts den gewöhnlichen Rechtsmitteln. Für Ministerialanweisungen ist die Zeit vorbei." — Kritische Bemerkungen zu der vorgeschlageuen Regelung u. a. bei Gerland, „Kritische Bemerkungen zum Allgemeinen Teil des Strafgesetzentwurfes 1919" (Tübingen 1921) S. 58 ff. —

richte bringt, nachdem sie in Preußen und in einigen anderen Ländern schon seit anderthalb Jahren kraft einer Übertragung des Gnadenrechts zu dieser Maßnahme befugt sind.[1])

---

[1]) Es soll nicht verhehlt werden, daß in Bayern nach Schierlinger, DStrZ. 1921 Sp. 296 die Erfahrungen mit der bedingten Aussetzung der Vollstreckung durch die Gerichte „bisher nicht allenthalben günstig beurteilt" sind. Nach welcher Hinsicht von einigen Seiten die Erfahrungen als ungünstig angesehen werden und auf welchen Grundlagen dieses Urteil beruht, entzieht sich meiner Kenntnis.

I. Erlaß der Preußischen Staatsregierung vom 2. August 1920 (JMBl. S. 564) sowie Erlasse des Preußischen Staatsministeriums vom 25. Mai 1921 (JMBl. S. 349) und vom 24. Juni 1921 (JMBl. S. 369).

Erlaß der Preußischen Staatsregierung vom 2. August 1920.

Auf Antrag des Justizministers wird genehmigt, daß die Gerichte ermächtigt werden, die Vollstreckung gerichtlich festgesetzter Freiheitsstrafen von nicht mehr als sechs Monaten unter Bestimmung einer Bewährungsfrist auszusetzen, bewilligte bedingte Strafaussetzungen zu widerrufen und Freiheitsstrafen von nicht mehr als 6 Monaten sowie Geldstrafen, zu deren Ersatz solche Freiheitsstrafen festgesetzt sind, nach Ablauf der bewilligten Bewährungsfrist zu erlassen.

Berlin, den 2. August 1920.

Die Preußische Staatsregierung.

Haenisch. Dr. am Zehnhoff. Oeser. Severing.

Erlaß des Preußischen Staatsministeriums vom 25. Mai 1921.

Auf Antrag des Justizministers wird im Anschluß an den Erlaß vom 2. August 1920 genehmigt, daß die den Gerichten erteilte Ermächtigung,

die Vollstreckung gerichtlich festgesetzter Freiheitsstrafen unter Bestimmung einer Bewährungsfrist auszusetzen und ausgesetzte Freiheitsstrafen oder Geldstrafen, zu deren Ersatz die Freiheitsstrafen festgesetzt sind, nach Ablauf der Bewährungsfrist zu erlassen,

auf solche Fälle erstreckt wird, in denen die festgesetzte Freiheitsstrafe mehr als 6 Monate beträgt, jedoch die Aussetzung nur eines Teiles der Strafe von nicht mehr als 6 Monaten in Aussicht genommen wird.

Berlin, den 25. Mai 1921.

Das Preußische Staatsministerium.

Stegerwald. Fischbeck. am Zehnhoff. Becker. Dominicus. Warmbold. Saemisch.

Erlaß des Preußischen Staatsministeriums vom 24. Juni 1921.

Beschluß

Auf Antrag des Justizministers wird im Anschluß an die Erlasse vom 2. August 1920 und vom 25. Mai 1921 genehmigt, daß die Ermächtigung,

die Vollstreckung gerichtlich festgesetzter Freiheitsstrafen unter Bestimmung einer Bewährungsfrist auszusetzen und ausgesetzte Freiheitsstrafen oder Geldstrafen, zu deren Ersatz die Freiheitsstrafen festgesetzt sind, nach Ablauf der Bewährungfrist zu erlassen,

bei Gefängnis und Festungshaft den Gerichten ohne Rücksicht auf die Dauer der Strafe erteilt wird.

Berlin, den 24. Juni 1921.

Das Preußische Staatsministerium.

Stegerwald. Fischbeck. am Zehnhoff. Dominicus. Warmbold. Saemisch.

II. Allgemeine Verfügung des Justizministers vom 19. Oktober 1920 (JMBl. S. 564) in der Fassung der Allgemeinen Verfügungen vom 15. Juni 1921 (JMBl. S. 349) und vom 19. Juni 1921 (JMBl. S. 369).

I. Aussetzung der Strafvollstreckung durch die Gerichte.

§ 1. Auf Grund der Erlasse der Preußischen Staatsregierung vom 2. August 1920 und des Preußischen Staatsministeriums vom 25. Mai und 24. Juni 1921 werden die Gerichte[1]) ermächtigt[1a]), nach Maßgabe der folgenden Bestimmungen die Vollstreckung ge-

[1]) (Zusatz) Die Ermächtigung gilt für alle preußischen Gerichte, auch die Wuchergerichte (Verordnung über Sondergerichte gegen Schleichhandel und Preistreiberei [Wuchergerichte] vom 27. Nov. 1919 — RGBl. S. 1909 —), die aber wohl sehr selten in die Lage kommen werden, von dieser Ermächtigung Gebrauch zu machen (vgl. Anm. 16). Die Ermächtigung gilt auch für die auf Grund des § 10 des Ges. über den Belagerungszustand vom 4. Juni 1851 (GS. Seite 451) eingesetzten „Kriegsgerichte", die gewöhnlich als „außerordentliche Kriegsgerichte", als „Kriegszustandsgerichte" oder als „Gerichte des Ausnahmezustandes" bezeichnet werden. Diese Kriegszustandsgerichte waren auch im Falle des reichsrechtlichen Kriegszustandes nicht Gerichte des Reichs, sondern Gerichte desjenigen Bundesstaates, in dem sie ihren Sitz hatten (Pürschel: Das Gesetz über den Belagerungszustand, Berlin 1916 S. 252 ff.). Soweit aus ihren Urteilen noch Strafen vollstreckt werden, kommt nachträgliche Aussetzung noch in Frage (vgl. Anm. 59 a), da Begnadigung auch bei Urteilen der Kriegszustandsgerichte zulässig (Pürschel S. 340 ff.). Zuständig ist dasjenige ordentliche Gericht, an welches gemäß § 15 des Ges. über den Belagerungszustand die erledigte Sache nach Aufhebung des Belagerungszustandes abgegeben worden ist. — Dagegen fanden der Erlaß der preußischen Staatsregierung vom 2. Aug. 1920 und die Allg. Verf. vom 19. Okt. 1920 auf die „außerordentlichen Gerichte" (Verordnung des Reichspräsidenten vom 5. Mai 1920 §§ 7 ff. in der Fassung der Verordnung vom 19. Mai 1919 — RGBl. S. 887, 985 —) ursprünglich keine Anwendung, da diese Gerichte Gerichte des Reichs sind. Durch Erlasse des Reichspräsidenten und des Reichsjustizministers sowie Allgem. Verf. des Justizministers — vgl. unten S. 41 ff. — ist für die auf Grund der Verordnung vom 29. März 1921 (RGBl. S. 371) gebildeten „außerordentlichen Gerichte" bestimmt, daß die ordentlichen Gerichte die Vollstreckung der von jenen Gerichten er-

kannten Strafen aussetzen können. Nach dem Wortlaut kann es zweifelhaft sein, ob diese Ermächtigung auch für diejenigen außerordentlichen Gerichte gilt, die auf Grund der Verordnung vom 5. Mai 1920 in der Fassung der Verordnung vom 19. Mai 1920 gebildet worden sind. Da der Wortlaut nicht unbedingt ausschließt, daß sich die Ermächtigung auch auf diese früheren außerordentlichen Gerichte bezieht, und da die Zweckbestimmung der Erlasse, die Wohltat der bedingten Aussetzung auch auf die durch die außerordentlichen Gerichte Verurteilten zu erstrecken, dafür spricht, wird anzunehmen sein, daß die bedingte Aussetzung jetzt für alle Urteile der außerordentlichen Gerichte, soweit sie Reichsgerichte sind, zulässig sind. — Ist das Urteil eines Kriegsgerichts im Sinne der MStGO. angefochten und auf die Berufung gemäß § 19 des Ges. betr. Aufhebung der Militärgerichtsbarkeit vom 17. Aug. 1920 (RGBl. S. 1579) an die Stelle des Oberkriegsgerichtes die Strafkammer oder das Schwurgericht getreten, so findet die Allg. Verf. Anwendung, und zwar auch dann, wenn die Berufung verworfen wird, sodaß formell das Urteil des Kriegsgerichts die Grundlage der Strafvollstreckung bildet; denn materiell handelt es sich um die Vollstreckung des Urteils der Strafkammer oder des Schwurgerichts (vgl. Anm. 60). War das militärgerichtliche Verfahren dagegen z. Zt. des Inkrafttretens des Ges. betr. Aufhebung der Militärgerichtsbarkeit (§ 28) schon rechtskräftig abgeschlossen, sodaß nur die Strafvollstreckung übergeht (§§ 13, 23) so findet die Allgem. Verf. keine Anwendung, da die Vollstreckung zwar durch preußische Justizbehörden erfolgt, das zu vollstreckende Urteil aber das Urteil eines Gerichtes des Reichs ist und deshalb gemäß Art. 49 RV. dem Reichspräsidenten das Gnadenrecht zusteht. — Ob der Verurteilte Inländer oder Ausländer ist, ist gleichgültig (Herrnstadt S. 22, 51). — Die Allg. Verf. findet auch auf diejenigen von den gemeinschaftlichen Landgerichten oder Schwurgerichten in Sachsen-Meiningen und Schwarzburg-Rudolstadt verurteilten Personen Anwendung, bezüglich deren das Begnadigungsrecht dem preuß. Staatsministerium zusteht. In den Abschnitten II und III tritt an die Stelle des Beauftragten für Gnadensachen der Erste Staatsanwalt. § 26 Abs. 2 fällt fort und im § 30 ist die Erwähnung der Allgem. Verf. vom 26. Aug. 1919 zu streichen. — In Waldeck, Oldenburg und Danzig sind die Bestimmungen mit geringfügigen Änderungen übernommen worden.

[1a]) Bei der Übertragung der bedingten Strafaussetzung auf die Gerichte handelt es sich um eine Übertragung der Ausübung des nach pr. VU. Art. 54 dem Staatsministerium zustehenden Rechts der Begnadigung auf die Gerichte (so auch Hartung, DRZ. 1921 Spalte 250), und zwar nicht nur, soweit der Erlaß der Strafe in Frage kommt, sondern auch schon soweit es sich um die Aussetzung selbst handelt. Da die Übertragung des Begnadigungsrechtes in der Verfassung nicht ausgeschlossen ist, muß sie verfassungsrechtlich als zulässig angesehen werden (vgl. Huber, Verfassung des Freistaats Preußen, Mannheim 1921, Art. 54 Anm. 3). Die Gerichte werden nur ermächtigt, nicht angewiesen. Wenn die Begnadigung auch nach dem geltenden Reichsrecht den Gerichten nicht zusteht, muß die bedingte Aussetzung auf Strafvollstreckung doch als „Geschäft der Justizverwaltung" im Sinne

des § 4 EGGVG. angesehen werden, sodaß auch reichsrechtlich ihre Übertragung auf die Gerichte als zulässig erachtet werden muß, denn die bedingte Aussetzung der Strafvollstreckung steht in einem engen inneren Zusammenhang mit der Strafvollstreckung, richtiger wohl schon mit der Strafzumessung, weshalb sie auch künftig kraft Gesetzes den Gerichten übertragen werden soll (JGG. sowie E. 1919 §§ 63 ff. und 135). Es handelt sich um eine Übertragung dieses Teils des Begnadigungsrechtes nicht in dem Sinne, daß nunmehr ausschließlich die Gerichte zuständig wären. Vielmehr ist neben dem Gericht auch der Justizminister oder das Staatsministerium zuständig (vgl. Anm. 127). Nur wenn das Gericht auf Grund der Ermächtigung die Strafe erlassen hat, muß ein endgültiger Untergang des staatlichen Strafanspruchs angenommen werden, sodaß auch der Justizminister die Vollstreckung der Strafe nicht mehr anordnen darf (H a r t u n g S. 251 vgl. Anm. 105). Dagegen muß der Justizminister zu jedem anderen Eingriff in das Verfahren als berechtigt angesehen werden. So kann er die vom Gerichte auferlegten Bedingungen der Strafaussetzung ändern, er kann einen gerichtlichen Strafaussetzungsbeschluß, der ihm nicht sachgemäß erscheint, aufheben, auch wenn die Voraussetzungen des Widerrufs nicht vorliegen, er kann die Strafvollstreckung aussetzen, auch wenn das Gericht die Aussetzung abgelehnt hat (H a r t u n g 251). Da die Gerichte hier als Justizverwaltungsbehörden tätig werden, nicht als Rechtspflegeorgane, kommt § 1 GVG. auf diese Tätigkeit nicht zur Anwendung (vgl. Anm. 145). Immerhin wird der Justizminister nicht als berechtigt anzusehen sein, das Gericht anzuweisen, auszusetzen oder die Aussetzung abzulehnen, irgend eine bestimmte Auflage zu machen, und dergl. Das Gericht würde zwar in einem solchen Fall verpflichtet sein, sich einer mit den Anweisungen des Justizministers nicht übereinstimmenden Tätigkeit zu enthalten, brauchte aber die mit seiner Überzeugung nicht übereinstimmenden Anweisung nicht selbst auszuführen, könnte dies vielmehr dem Justizminister überlassen, da die Gerichte zur Aussetzung nur ermächtigt sind. — In einem Einzelfall hatte der Justizminister die Aussetzung der Strafvollstreckung abgelehnt; auf ein erneutes Gesuch hatte er Bericht eingefordert. Das Amtsgericht, dem der Beauftragte für Gnadensachen das Gesuch mit der Bitte um Stellungnahme vorgelegt hatte, setzte nunmehr durch Beschluß die Vollstreckung der Strafe aus. Der Beauftragte für Gnadensachen brachte in seinem Bericht zum Ausdruck, daß er zwar das Vorgehen des Amtsgerichtes nicht für ordnungsmäßig halte, wohl aber annehme, daß die Entscheidung des Amtsgerichts nicht mehr aus der Welt zu schaffen sei. Der Justizminister erklärte, das Amtsgericht hätte, nachdem er ursprünglich die Aussetzung abgelehnt und später Bericht eingefordert habe, von dem Beschlusse absehen sollen; die in dem Bericht zum Ausdruck gebrachte Auffassung, daß der Beschluß rechtswirksam sei, gehe aber offenbar von unzutreffenden Erwägungen aus. Die von den Gerichten über die Aussetzung usw. getroffenen Verfügungen seien nicht richterliche endgültige Entscheidungen, sondern Maßnahmen, die der Nachprüfung im Verwaltungswege unterlägen. Der Erlaß der Preuß. Staatsregierung vom 2. August 1920 (JMBl. S. 564) genehmigt ganz allgemein, die Gerichte zu ermächtigen, die Vollstreckung „g e r i c h t l i c h f e s t g esetzter" Freiheitsstrafen auszusetzen. Der Erlaß ist zwar nur auf Antrag des Justizministers ergangen; da aber die Preuß. Staatsregierung aus sämtlichen Staatsministern besteht, läßt jene allgemeine Fassung die Deutung zu, daß sich die Ermächtigung auch auf diejenigen gerichtlich festgesetzten Strafen bezieht, bezüglich deren das Gnadenrecht auf andere Minister delegiert worden ist. Solche Übertragungen sind vor der Revolution erfolgt: a) an den Finanzminister bei Zuwiderhandlungen gegen die Zollgesetze und die sonstigen Vorschriften über indirekte Reichs- und Landesabgaben durch Erlaß vom 26. September 1897 (GS. S. 402) sowie bei Zuwiderhandlungen gegen die Gesetze über die direkten Steuern durch Erlaß vom 15. August 1913 (JMBl. S. 408); b) an den Minister des Innern bei Zuwiderhandlungen gegen § 33 in Verbindung mit § 147 Abs. 1 Nr. 1 der Gewerbeordnung durch den Erlaß vom 15. August 1913 (JMBl. S. 408); c) an den Minister für öffentliche Arbeiten bei Zuwiderhandlungen gegen die Vorschriften über die Erhebung von Verkehrsabgaben durch Erlaß vom 27. April 1914 (JMBl. S. 693); an den Minister für Landwirtschaft, Domänen und Forsten bei Forstkontraventionen einschließlich der Forstdiebstähle für Geldstrafen, die den Betrag von 30 ℳ nicht übersteigen, durch Erlaß vom 15. Dez. 1880 (JMBl. 1881 S. 31). Ob die Übertragung an den Finanzminister, soweit Reichssteuern in Frage kommen, nicht durch § 443 Abs. 1 Satz 1 Halbsatz 2 der Reichsabgabenordnung vom 13. Dez. 1919 (RGBl. S. 1993) aufgehoben war, mag allerdings dahingestellt bleiben. Jedenfalls hat der Justizminister von einer etwa so weit gehenden Ermächtigung keinen Gebrauch gemacht (vgl. § 30). Durch den nachstehenden Erlaß des Preußischen Staatsministeriums vom 2. Mai 1922 über die Ausübung des Gnadenrechts in gerichtlichen Strafsachen wegen Zuwiderhandlung gegen Zoll- und Steuer-, Monopol-, Ein- und Ausfuhrbestimmungen (JMBl. S. 157) ist das Gnadenrecht des Finanzministers erweitert worden: „In Erweiterung der durch die Königlichen Erlasse vom 26. September 1897 (GS. S. 402) und vom 15. August 1913 (GS. S. 389) getroffenen Anordnungen wird hinsichtlich aller Strafen, die wegen Zuwiderhandlungen gegen Zoll- und Steuerbestimmungen, gegen Bestimmungen über Finanzmonopole, über die Regelung der Ein- und Ausfuhr und über die Erhebung von Ausfuhrabgaben gerichtlich festgesetzt sind, die dem Staatsministerium zustehende Ausübung des Begnadigungsrechtes dem Finanzminister übertragen; er kann insbesondere die verwirkten Freiheits-, Geld- und sonstigen Strafen, einschließlich der Vertretungsverbindlichkeiten, Einziehungen und Wertersatzsummen, sowie die Kosten des Verfahrens erlassen, ermäßigen oder in anderer Weise mildern; er kann Aussetzung, Teilung und Unterbrechung der Strafvollstreckung gewähren. Auf Strafen, die wegen Zuwiderhandlungen gegen Art. II § 3 der Verordnung über Sondergerichte gegen Schleichhandel und Preistreiberei (Wuchergerichte) vom 27. November 1919 (RGBl. S. 1909) und gegen das Gesetz über Verschärfung der Strafen wegen Schleichhandel, Preistreiberei und verbotene Ausfuhr lebenswichtiger Gegenstände vom 18. Dezember 1920 (RGBl. S. 2107) erkannt sind, finden die vorstehenden Bestimmungen keine Anwendung. Das Gleiche gilt von Zuwiderhandlungen gegen die

§ 194—196 des Gesetzes über das Branntweinmonopol vom 26. Juli 1918 (RGBl. S. 887).

Die Erlasse der Preußischen Staatsregierung vom 2. August 1920 (JMBl. S. 564) und des Preußischen Staatsministerium vom 25. Mai 1921 (JMBl. S. 349) und 24. Juni 1921 (JMBl. S. 369) über die bedingte Aussetzung der Strafvollstreckung finden auf diejenigen gerichtlich erkannten Strafen, hinsichtlich deren nach den vorstehenden Bestimmungen dem Finanzminister die Ausübung des Begnadigungsrechts übertragen ist, entsprechende Anwendung mit der Maßgabe, daß die Gerichte zur Aussetzung der Vollstreckung von Ersatzfreiheitsstrafen nicht ermächtigt werden dürfen. Der Erlaß vom 26. September 1897 — mit Ausnahme der Ziffern 1 und 2, soweit sich diese auf die verwaltungsseitige Strafvollstreckung beziehen — und der Erlaß vom 15. August 1913, soweit darin die Ausübung des Begnadigungsrechts dem Finanzminister und den ihm unterstellten Provinzialbehörden übertragen war, werden aufgehoben."

Hierzu ist folgende Gemeinsame Verfügung des Justizministers und des Finanzministers vom 3. Mai 1922 betreffend die Ausübung des Gnadenrechts in gerichtlichen Strafsachen wegen Zuwiderhandlung gegen Zoll-, Steuer-, Monopol-, Ein- und Ausfuhrbestimmungen (JMBl. S. 157) ergangen: „Zur Ausführung des vorstehenden Erlasses des Preußischen Staatsministeriums wird folgendes bestimmt. I. Die Ermächtigungen, die den Gerichten auf Grund des Erlasses der Preußischen Staatsregierung vom 2. August 1920 (JMBl. S. 564) und des Preußischen Staatsministeriums vom 25. Mai 1921 (JMBl. S. 349) und vom 24. Juni 1921 (JMBl. S. 369) erteilt worden sind, gelten entsprechend auch für diejenigen Freiheitsstrafen, hinsichtlich deren nach dem vorstehenden Erlaß des Staatsministeriums die Ausübung des Begnadigungsrechts dem Finanzminister übertragen ist. Die Ermächtigung zur Aussetzung der Strafvollstreckung unter Bestimmung einer Bewährungsfrist erstreckt sich jedoch nicht auf Ersatzfreiheitsstrafen. Zu den Steuergesetzen im Sinne des Erlasses des Staatsministeriums gehören auch das Gesetz gegen die Kapitalflucht vom 14. Dezember 1920 (RGBl. 1921 S. 33) in der Fassung der Gesetze vom 4. Juli und 22. Dezember 1921 (RGBl. S. 308 und 1607) und vom 22. März 1922 (RGBl. S. 282) und das Süßstoffgesetz vom 7. Juli 1902 (RGBl. S. 253). Den Zeitpunkt des Inkrafttretens des Süßstoffgesetzes vom 8. April 1922 (RGBl. S. 390), das an die Stelle des Gesetzes vom 7. Juli 1922 treten soll, wird nach § 19 Satz 2 des neuen Gesetzes der Reichsminister der Finanzen bestimmen. Die Vorschriften der §§ 1 bis 22 der Allgemeinen Verfügung vom 19. Oktober 1920 (JMBl. S. 565) in der Fassung der Allgemeinen Verfügungen vom 15. und 29. Juni 1921 (JMBl. S. 349, 370) und die Allgemeine Verfügung vom 4. April 1922 (JMBl. S. 115) finden mit der Maßgabe entsprechende Anwendung, daß an die Stelle des Justizministers der Finanzminister tritt. Im § 38 der Allgemeinen Verfügung vom 14. März 1917 betreffend bedingte Strafaussetzung (JMBl. S. 85) werden unter Ersatz der Worte „die Allerhöchsten Erlasse" durch „den Königlichen Erlaß" die Worte „vom 26. September 1897 (JMBl. S. 402) und" sowie die Worte „dem Finanzminister oder" gestrichen; in den über-

richtlich erkannter Gefängnis-, Festungshaft-, Arrest-, und Haftstrafen,[2]) bei Zuchthausstrafen die Vollstreckung eines nicht mehr als 6 Monate[3]) betragenden Teiles der Strafe unter Bewilligung einer Bewährungsfrist auszusetzen.[7a]) [7b])

---

schriften des IV. Abschnittes und seiner Unterabteilung 2 fallen die Worte „Steuer, Zoll und“ weg. Ziff. II und IV interessieren hier nicht; Ziff. IV enthält die entsprechenden Änderungen der Allgem. Verf. vom 26. August 1919 (JMBl. S. 405) Ziff. $I3^{a}$, Ziff. V^{2} sowie der Anlage A. Ziff. V bestimmt: „Gnadengesuche und Gnadenanträge in den zur Zuständigkeit des Finanzministers gehörigen Sachen, die zur Zeit der Bekanntgabe dieser Verfügung bei den Justizbehörden bearbeitet werden, sind in der Lage, in der sie sich befinden, an die nach dieser Verfügung zuständigen Behörden abzugeben; hatte der Justizminister Bericht erfordert, so ist die Abgabe kurz anzuzeigen.“

Hiernach sind jetzt also, soweit gerichtlich auf Freiheitsstrafe erkannt ist — ausgenommen Ersatzfreiheitsstrafen — die Gerichte auch dann zuständig, wenn dem Finanzminister das Gnadenrecht zusteht, dagegen nach wie vor nicht, soweit das Gnadenrecht den Ministern des Innern, für öffentliche Arbeiten, für Landwirtschaft, Domänen und Forsten versteht. Seit dem 1. April 1921 ist das Ministerium für öffentliche Arbeiten fortgefallen (Huber, Die Verfassung des Freistaats Preußen“, Mannheim 1921, Art. 44 Anm. 3). Seitdem dürfte die Delegation des Gnadenrechts ohne weiteres fortgefallen und die Gerichte auch insoweit zuständig sein.

[2]) (Zusatz) Es können ausgesetzt werden Freiheitsstrafen jeder Art: Stubenarrest, gelinder Arrest, mittlerer Arrest — strenger Arrest ist durch § 1 des Ges. betr. Aufhebung der Militärgerichtsbarkeit vom 17. Aug. 1920 (RGBl. S. 1579) beseitigt —, Haft, geschärfte Haft (StGB. § 362), Festungshaft, Gefängnis, Zuchthaus. — In Anm. 2 Zeile 3 muß es statt „als Ersatzstrafhaft“ heißen „als Ersatzstrafe Haft“. — Daß bei der Ordnungsstrafe des § 179 GVG. eine Aussetzung nicht in Frage kommt, hat auch das Landgericht Augsburg entschieden (Zeitschrift für Rechtspflege in Bayern 1922 S. 26 f.).

[3]) (Zusatz) Bei der Zuchthausstrafe ist die Aussetzung eines 6 Monate nicht übersteigenden Teiles sowohl vor dem Antritt der Strafe unter der Bedingung guter Führung während der Verbüßung als auch nach der Vollstreckung eines Teils der Strafe unter Berücksichtigung der Führung während der Strafverbüßung zulässig. E. 1919 § 74 kennt die bedingte Strafaussetzung bei Zuchthaus überhaupt nicht und beschränkt sich im übrigen auf Freiheitsstrafe von nicht mehr als 6 Monaten. — Anm. 3 Satz 1 und 2 fallen fort.

[4], [5], [6], [7]) Die Anmerkungen fallen fort, vgl. aber Anm. 7a.

[7a]) Der bisherige Absatz 2 des § 1 ist fortgefallen. Der in ihm enthaltene Gedanke, daß erheblich vorbestraften Personen nur mit besonderer Vorsicht bedingte Aussetzung der Strafvollstreckung zu bewilligen sein werde, weil man bei ihnen doch mit einem Rückfall rechnen müsse, wird auch künftig beachtet werden müssen. Anm. 5 und 7 sind insoweit zu berücksichtigen.

[7b]) Die Anordnung der Aussetzung der Vollstreckung der Freiheitsstrafe ist zu unterscheiden von der Anordnung des Unterbleibens

§ 2. Die Aussetzung der Strafvollstreckung soll in der Regel[8]) nur dann gewährt werden, wenn die begangene Verfehlung nicht durch Verdorbenheit und verbrecherische Neigung,[9]) sondern durch Leichtsinn, Unerfahrenheit, Verführung oder Not[10]) veranlaßt worden ist und[11] wenn erwartet werden kann, daß der Verurteilte sich durch gute Führung während der Bewährungsfrist eines künftigen Gnadenerweises würdig erzeigen wird.

Für die Entscheidung dieser Frage ist neben den Umständen der Tat vor allem das Vorleben des Verurteilten von Bedeutung. Auch der Tat nachfolgende Umstände können in Betracht kommen, insbesondere, daß der Verurteilte aufrichtige Reue[12]) empfindet und den ernstlichen Willen zeigt, nach Kräften den verursachten Schaden wieder gutzumachen.[13]) Bei Schleichhandel- und Wuchervergehen[14]) ist mit besonderer Sorgfalt[15]) zu prüfen, ob die Aussetzung der Strafvollstreckung mit dem öffentlichen Interesse an einer wirksamen Bekämpfung dieser gemeingefährlichen Vergehen vereinbar ist.[16])

---

der Vollstreckung einer Ersatzfreiheitsstrafe gemäß § 8 des Ges. zur Erweiterung des Anwendungsgebietes der Geldstrafe und zur Einschränkung der kurzen Freiheitsstrafen vom 21. Dez. 1921 (RGBl. S. 1604). Diese Anordnung ist nur als äußerste Maßnahme gedacht; falls nicht besondere Gründe im Wege stehen, ist statt dessen die Ersatzfreiheitsstrafe auszusetzen (Hellwig, Das Geldstrafengesetz, München und Berlin 1922 Anm. 103).

8) Vgl. jetzt auch § 3a am Ende.

9) (Zusatz) Über die ungünstige Einwirkung des Krieges und seiner Folgeerscheinungen vgl. Hellwig, „Krieg und Kriminalität der Jugendlichen" (Halle 1916); Wittig, „Die ethisch minderwertig Jugendlichen und der Krieg" (Langensalza 1918); Golias, „Krieg und Jugendverwahrlosung" (Leipzig 1919); Moses, „Zum Problem der sozialen Familienverwahrlosung unter besonderer Berücksichtigung der Verhältnisse im Kriege" (Langensalza 1920); Wittig, „Der Einfluß des Kriegs und die Kriminalität der Jugendlichen" (ebendort 1920).

15) (Zusatz) Im öffentlichen Interesse ist es erwünscht, daß der Geschädigte oder Verletzte mit der beabsichtigten Strafaussetzung einverstanden ist. Da der Verletzte begreiflicherweise aber nicht selten zu erbittert sein wird, um dieser Frage objektiv genug gegenüberstehen zu können, geht es nicht an, mit Kauffmann, „Die Psychologie des Verbrechens" (Berlin 1912) S. 332, der sich auch auf Ferri bezieht, die Aussetzung nur dann zuzulassen, wenn das Opfer des Verbrechens einwilligt. Auch in dem italienischen Vorentwurf (Relazione sul progetto preliminare di codice penale italiano, Rom 1921) Art. 78ff. findet sich keine derartige Vorschrift.

16) (Zusatz) Insoweit es sich um Zuwiderhandlungen gegen inzwischen aufgehobene Rationierungsvorschriften handelt, die

Die Aussetzung der Strafvollstreckung gegen Militärpersonen[17]) soll[18]) nur erfolgen, nachdem dem unmittelbaren Disziplinarvorgesetzten[19]) Gelegenheit[20]) zur Äußerung darüber gegeben worden ist, ob die Aussetzung der Strafvollstreckung sich mit der Aufrechterhaltung der Disziplin verträgt.[20a])

§ 3. Auch die Verhältnisse, in denen der Verurteilte während der Bewährungsfrist voraussichtlich zu leben haben wird, sind in Betracht zu ziehen. In geeigneten Fällen[21]) kann die Aussetzung der Strafvollstreckung von besonderen Maßnahmen abhängig gemacht werden, so insbesondere[21a]) von der Unterbringung in einer passenden Lehr- oder Dienststelle,[22]) von der Fürsorgeerziehung[23]) oder von sonstigen Maßnahmen[24]) des Vormundschaftsgerichts, von der Unterstellung unter die Schutzaufsicht[25]) einer Vertrauensstelle[26]) (Jugendgerichtshilfe, Fürsorger, Fürsorgeausschuß, Kreiswohlfahrtsamt, Jugendamt, Fürsorgeverein, Arbeiterkolonie,[27])

---

nicht unter § 7 des Gesetzes über Verschärfung der Strafen gegen Schleichhandel, Preistreiberei und verbotene Ausfuhr lebenswichtiger Gegenstände vom 18. Dez. 1920 (RGBl. S. 2107) fallen, da sie nach dem 31. Dez. 1920 begangen sind, erscheint eine Aussetzung im allgemeinen angebracht. — Nach der Verordnung des Hamburger Senats vom 22. Dez. 1920 (Amtsblatt S. 1520) ist bei Schleichhandels- und Wuchervergehen die Bewilligung der bedingten Strafaussetzung (und die Umwandlung) ausschließlich der Justizverwaltung namens des Senats vorbehalten.

17) (Zusatz) Vgl. Zusatz zu § 1.

20a) In der Allgemeinen Verfügung vom 4. April 1922 über die bedingte Aussetzung der Strafvollstreckung gegen Militärpersonen und in Militärstrafsachen (JMBl. S. 115) wird wiederholt auf die dringende Notwendigkeit hingewiesen, den besonderen Bedürfnissen der Wehrmacht Rechnung zu tragen. Eine Hinausschiebung der Entscheidung dürfe nicht gescheut werden, wenn die Äußerung des Disziplinarvorgesetzten noch nicht vorliege: „Die Anhörung der Disziplinarvorgesetzten wird in Militärstrafsachen vielfach auch dann geboten sein, wenn der Verurteilte zu der Zeit, zu der über die bedingte Strafaussetzung zu entscheiden ist, bereits aus dem Militärverhältnis entlassen ist; insbesondere wird dies bei Fahnenflucht, bei strafbaren Handlungen gegen die Pflichten der militärischen Unterordnung und bei Mißbrauch der Dienstgewalt regelmäßig zutreffen, da gerade bei diesen Verfehlungen die Rücksicht auf die Truppe nicht außer Acht gelassen werden darf."

21a) Auch die Erfüllung von Verpflichtungen, die dem Verurteilten ohnedies kraft Gesetzes obliegen, kann zum Gegenstand einer Auflage gemacht werden, so die Erfüllung seiner Unterhaltspflichten, die Leistung von Schadensersatz, die Bezahlung von Gerichtskosten usw. Gerade solche Auflagen werden sich vielfach

Gefängnisverein,[28]) Trinkerfürsorgestelle,[29]) Berufsorganisation[30]) usw.). Die Stellung unter Schutzaufsicht wird sich insbesondere[31]) bei Jugendlichen häufig[32]) empfehlen. Die Aussetzung kann auch nachträglich[33]) von derartigen Maßnahmen abhängig gemacht werden; auch können die getroffenen Maßnahmen abgeändert werden.

Bei Minderjährigen, die der Fürsorgeerziehung[37]) oder aus anderer Veranlassung[38]) einer Erziehungs- oder Besserungsanstalt überwiesen oder die gemäß § 5 des Fürsorgeerziehungsgesetzes vorläufig untergebracht sind,[39]) hat das Gericht in jedem Falle[40]) die Frage der Aussetzung der Strafvollstreckung auch unter dem Gesichtspunkte zu prüfen, daß eine Störung oder ein Aufschub des Erziehungswerkes durch den Strafvollzug möglichst vermieden werden soll. Bei diesen Verurteilten kann die Strafvollstreckung auch unter der Bedingung ausgesetzt werden, daß sie aus der Fürsorge- oder Anstaltserziehung nicht entweichen.[41]) Hält das Gericht nach der Persönlichkeit des Verurteilten, insbesondere nach seinen Vorstrafen, oder nach der Schwere der Straftat sofortigen Strafvollzug für geboten, so hat es dem Vorstande des zur Fürsorgeerziehung verpflichteten Kommunalverbandes[42]) oder der Erziehungs- oder Besserungsanstalt,[43]) in Fällen vorläufiger Unterbringung dem Vormundschaftsgericht, unverzüglich Gelegenheit zur Stellungnahme zu geben.

§ 3a. Erscheint nach der Art der Straftat[34]) oder den sonstigen in Betracht kommenden Umständen[35]) die Aussetzung der ganzen Strafe als eine zu weitgehende Vergünstigung, so kann, insbesondere bei Freiheitsstrafen von längerer Dauer,[36]) die Voll-

auch dort empfehlen, wo andere Auflagen untunlich erscheinen. Bei Ersatzfreiheitsstrafen kann die Aussetzung in geeigneten Fällen davon abhängig gemacht werden, daß der Verurteilte für Rechnung der Staatskasse freie Arbeit nach Maßgabe seiner Kraft leistet (Allg. Verf. vom 29. Juni 1921) — JMBl. S. 368 f. — abgedruckt in Anm. 86 a.

[29]) (Zusatz) Über die bedingte Strafaussetzung gegen Gewohnheitstrinker vgl. auch „Schweizerisches Strafgesetzbuch. Protokoll der zweiten Expertenkommission" Bd. 9 S. 144 ff., 392 ff.

[35]) Insbesondere wird auch die Persönlichkeit des Täters in Betracht kommen, namentlich nach der Richtung hin, daß anzunehmen ist, daß es für ihn gut wäre, wenn ihm durch Verbüßung eines Teiles der Strafe der Ernst des Strafurteils klargemacht würde.

[36]) Die Teilaussetzung bei längerer Strafe verfolgt die gleichen Zwecke wie die vorläufige Entlassung (vgl. § 26). Sie ist aber auch zulässig in Fällen, in denen die vorläufige Entlassung nicht zulässig sein würde. So ist es zulässig, daß das Gericht die Vollstreckung einer einjährigen Zuchthausstrafe nach Verbüßung von sechs Monaten aussetzt.

streckung eines Teiles der Strafe[36a]) ausgesetzt werden. Voraussetzung ist, daß davon ein günstiger Einfluß auf den Verurteilten erhofft werden kann. Das wird dann der Fall sein, wenn unter Würdigung der Tatumstände, der Persönlichkeit des Täters und der Verhältnisse, in denen er während der Bewährungsfrist zu leben haben wird, die Annahme begründet erscheint, daß es zur Erreichung des Strafzwecks[36b]) der Verbüßung der ganzen Strafe nicht bedarf, vielmehr die Erwartung gehegt werden kann, daß der Verurteilte, wenn er eine Zeit lang den Ernst der Strafvollstreckung verspürt hat, sich der in Aussicht genommenen Vergünstigung würdig zeigen und in Zukunft straffrei führen werde. Sind diese Voraussetzungen gegeben, so wird die Aussetzung eines Strafteils auch dann bewilligt werden können, wenn die begangene Verfehlung nicht durch Leichtsinn, Unerfahrenheit, Verführung oder Not veranlaßt worden ist.

§ 3b. Bei der Bewilligung der bedingten Strafaussetzung kann das Gericht in geeigneten Fällen dem Verurteilten die Auflage der Zahlung einer Geldbuße machen.[36c]) Die Frist, innerhalb deren die Buße, nötigenfalls in angemessenen Teilzahlungen, zu entrichten ist, wird vom Gericht unter Berücksichtigung der wirtschaftlichen Verhältnisse des Verurteilten bestimmt; sie kann nachträglich, jedoch nicht über das Ende der Bewährungsfrist hinaus, verlängert werden.

[36a]) Bei Zuchthausstrafen kommt nur die Aussetzung der Vollstreckung eines sechs Monate nicht übersteigenden Teiles der Strafe in Frage (§ 1).

[36b]) Was Strafzweck ist, ist hier ebensowenig gesagt wie in StPO. § 488, E. 1919 §§ 108, 115 Absatz 2, sowie in § 3 des Gesetzes zur Erweiterung des Anwendungsgebietes der Geldstrafe und zur Einschränkung der kurzen Freiheitsstrafen vom 21. Dez. 1921 (RGBl. S. 1604). (Vgl. dazu Hellwig, „Das Geldstrafengesetz", Berlin 1922 Anm. 37ff. und Beling „Methodik der Gesetzgebung, insbesondere der Strafgesetzgebung", Berlin-Grunewald 1922 S. 50ff.). Als Strafzweck, d. h. in diesem Zusammenhang als Zweck der Strafverbüßung, wird man hier anzusehen haben, daß der Verurteilte sich künftig straffrei führen werde.

[36c]) Vgl. die nachstehende Verfügung des Justizministers vom 12. April 1921 betr. die bedingte Strafaussetzung unter gleichzeitiger Auferlegung einer Geldbuße (JMBl. S. 276): „Eine Ermächtigung der Gerichte, die Aussetzung der Vollstreckung einer Freiheitsstrafe mit der Aussicht auf Begnadigung von der Zahlung einer Geldbuße dergestalt abhängig zu machen, daß die Aussetzung nur dann eintritt, wenn der Verurteilte die Buße innerhalb einer bestimmten Frist zahlt, ohne daß die Aussetzung ohne weiteres außer Kraft tritt, wenn er die Buße nicht fristgemäß zahlt, ist in der Allg. Verf. vom 10. Okt. 1920 nicht ausdrücklich vorgesehen. Nach den hier gemachten Wahrnehmungen kann eine solchergestalt bedingte Bewilligung der bedingten Strafaussetzung in ihrer praktischen Durchführung zu Weiterungen führen.

Die Entrichtung der Geldbuße allein begründet kein Anrecht auf den in Aussicht genommenen Gnadenerweis; ein solcher ist vielmehr in jedem Falle von dem Wohlverhalten des Verurteilten während der Bewährungsfrist abhängig. Wird mit Rücksicht auf

---

Anderseits ist das Gericht nicht gehindert, unter Umständen seine Entschließung über die Bewilligung der bedingten Strafaussetzung von der vorherigen Erfüllung bestimmter Voraussetzungen durch den Verurteilten abhängig zu machen. Hierfür kann z. B. der Nachweis einer Arbeitsstelle, die Unterstellung unter Schutzaufsicht und auch die alsbaldige Zahlung einer Geldbuße in Frage kommen. Insbesondere ist das Gericht aber in der Lage, bei der Bewilligung der bedingten Aussetzung die Zahlung einer Geldbuße in der Form einer Auflage anzuordnen. Der Kreis der „besonderen Maßnahmen" ist im § 3 Abs. 2 Satz 2 der Allg. Verf. vom 19. Okt. 1920, wie der Wortlaut ergibt, nicht erschöpfend geregelt. Es steht nicht entgegen, als „besondere Maßnahme" dem Verurteilten bei der Strafaussetzung in geeigneten Fällen auch die Entrichtung einer Buße binnen bestimmter Frist aufzuerlegen. Wird alsdann die Auflage nicht erfüllt, so hat das Gericht die Möglichkeit, je nach dem Verschulden des Verurteilten an der Nichterfüllung die Aussetzung zu widerrufen oder andere Maßnahmen zu ergreifen; der Verurteilte wird hierauf bei der Eröffnung gemäß § 9 Abs. 1 Satz 2 der Allg. Verf. hinzuweisen sein."

Statt von der Zahlung der Buße kann die Aussetzung auch von ihrer Hinterlegung abhängig gemacht werden, mit der Maßgabe, daß die Buße an den Staat fällt, wenn dem Verurteilten nach Ablauf der Bewährungsfrist die Strafe erlassen wird. Führt sich der Verurteilte schlecht, so wird ihm die Buße zurückgezahlt, ohne daß es erforderlich ist, eine Entscheidung des Justizministers einzuholen.

Die Buße ist an den Staat zu zahlen. Es mußte bisher aber auch als zulässig erachtet werden, die Zahlung einer Buße an den Verletzten oder an Dritte, so etwa an die Jugendgerichtshilfe, einen Gefängnisverein, an eine gemeinnützige Anstalt und dergl. aufzuerlegen (so schon Hellwig, DRZ. 1921 Spalte 25 f.); eine entsprechende Allg. Verf. hat auch der Landgerichtspräsident zu Essen erlassen. In der Verf. des JM. vom 12. April 1922 über die Auferlegung von Geldbußen bei der bedingten Aussetzung der Strafvollstreckung (JMBl. S. 126) wird erklärt, schon aus § 11 Abs. 2 ergebe sich, daß als selbstverständlich davon ausgegangen werde, daß die Geldbuße der Staatskasse zufließe: „Dem an einzelnen Stellen hervorgetretenen Gedanken, dem Verurteilten die Zahlung einer solchen Buße an gemeinnützige Vereine aufzuerlegen, liegt zwar eine gewiß anzuerkennende wohlmeinende Absicht zugrunde; seiner Billigung stehen aber überwiegende Bedenken entgegen. Schon der Anschein, als könnten auf die Entschließung des Gerichts andere als die aus dem Zwecke der bedingten Strafaussetzung sich ergebenden sachlichen und persönlichen Gesichtspunkte ausschlaggebenden Einfluß gewinnen, muß vermieden werden. Dies gilt auch für die Berücksichtigung solcher Vereine, die sich die Unterstützung und Ergänzung der gerichtlichen Tätigkeit ausschließlich oder vorwiegend zur Aufgabe gemacht haben. So erwünscht vom Standpunkt der Rechtspflege die tatkräftige

das Verhalten des Verurteilten die Vollstreckung der Strafe angeordnet, nachdem er die Buße ganz oder teilweise bezahlt hat, so hat er keinen Anspruch auf Rückzahlung.[36d)]

§ 4. Mit der Aufklärung der Umstände, die für die Frage der späteren Aussetzung der Strafvollstreckung erheblich sein können, ist schon in dem Vorverfahren[45)] so frühzeitig zu beginnen, daß das Ergebnis der Ermittlungen[46)] tunlichst bereits in der Haupt-

---

Förderung derartiger Vereinigungen ist, müssen doch die ihnen von der Justizverwaltung zugewendeten Mittel auf anderem Wege als durch die gerichtliche Auferlegung von Geldbußen zu ihren Gunsten bereitgestellt werden." Hiernach darf künftig eine Geldbuße nur noch zugunsten des Staates auferlegt werden. Die Aussetzung unter Auferlegung einer derartigen Buße ermöglicht es, die Vollstreckung insbesondere kurzer, vielfach schädlicher Freiheitsstrafen, zu vermeiden, und den Täter trotzdem empfindlich zu strafen. (Kauffmann a. a. O. S. 332).

[36d)] Vgl. aber § 11 Abs. 2.

[41] (Zusatz) Vgl. auch Walter Hoffmann, „Die Reifezeit. Probleme der Entwicklungspsychologie und Sozialpädagogik" (Leipzig 1922) S. 25. Dieses hervorragende Werk des Leipziger Jugendrichters sollte jeder Richter durcharbeiten. Es bringt das Verständnis für die Entwicklungsjahre, in denen vielfach Straftaten begangen werden, und für die sachgemäße Behandlung der heranreifenden Jugendlichen.

[45)] (Zusatz) Buhe in DStrZ. 1921 Sp. 164 bemerkt, daß derartige Vorermittlungen, abgesehen von den Jugendstrafsachen, in viel zu seltenen Fällen gemacht würden. Dasselbe kann ich aus meiner allerdings erst kurzen Erfahrung aus einer Berufungsstrafkammer bestätigen. Es ist dabei aber folgendes zu beachten. Da bei Jugendlichen nach § 8 stets ein Gerichtsbeschluß nötig ist, so muß die Staatsanwaltschaft im Strafverfahren gegen sie wie bisher alle Umstände aufklären, die für die fragliche Entscheidung des Gerichts von Bedeutung sein können. Dagegen würde es bedenklich sein, wenn man der Staatsanwaltschaft ganz allgemein diese Pflicht auch für die erwachsenen Beschuldigten auferlegen würde. Selbstverständlich ist es andererseits nach Lage des Einzelfalles für die Staatsanwaltschaft geboten, aus sich heraus diese Ermittlungen anzustellen. Im übrigen aber hat sie diese dem Gericht zu überlassen, dessen Vorsitzender bei der Vorbereitung der Hauptverhandlung die betreffenden Schritte zu tun hat. Würde die Staatsanwaltschaft ganz allgemein derartige Ermittlungen anstellen, so wären viel überflüssige, zeitraubende und kostspielige Anfragen die Folge, auch wäre zu befürchten, daß wegen der Fülle der Anfragen die Polizeibeamten rein schematisch vorgehen und die erforderlichen Erkundigungen weder mit der nötigen Sorgfalt noch auch mit der erforderlichen Vorsicht einziehen würden. Dies würde auch die unerwünschte Folge haben, daß die Straftaten wahrscheinlich oft zur Kenntnis weiterer Kreise gelangen würden.

[46)] Schaeffer in DRZ. 1919 Sp. 232 weist darauf hin, daß die oft mangelhaften polizeilichen oder sonstigen Berichte viel-

verhandlung oder bei dem Antrag auf Erlaß eines Strafbefehls[47]) vorliegt. Eine Verzögerung des Verfahrens, insbesondere wenn der Beschuldigte zur Zeit der Tat das 18. Lebensjahr noch nicht vollendet hatte, ist aber zu vermeiden.[48])

§ 5. Die Bewährungsfrist beträgt in der Regel 3 Jahre,[49]) in leichteren Fällen 2 Jahre. In Fällen nahe bevorstehender Verjährung ist die Frist so zu bemessen, daß sie mindestens 3 Monate vor dem Eintritt der Verjährung abläuft.[50])

Die Bewährungsfrist kann durch Gerichtsbeschluß nach Anhörung der Staatsanwaltschaft[50a]) nachträglich bis auf insgesamt

---

sach keine ausreichende Grundlage bilden. „Unmittelbar in der Hauptverhandlung wirkende Beweismittel: das Anhören von Leumundszeugen, Personen aus der Umwelt des Angeklagten, Vernehmung des Beauftragten der Jugendschutzvereinigungen vermögen allein ein richtiges Bild von der Persönlichkeit des Angeklagten zu geben und so die Unterlage für die Urteilsfällung zu bilden." Das ist zum Teil gewiß richtig; auch steht nichts im Wege, Leumundszeugen in geeigneter Weise zu hören. Es darf aber andererseits nicht verkannt werden, daß die öffentliche Verhandlung dieser Frage in Gegenwart insbesondere jugendlicher Angeklagter für sie auch eine große Gefahr bedeutet. Es wird daher von der Erörterung dieser Umstände in der Hauptverhandlung jedenfalls solange nur mit Vorsicht Gebrauch zu machen sein, als es noch nicht zulässig ist, den Angeklagten zeitweise aus der Verhandlung zu entfernen, wenn von einzelnen Erörterungen ein nachteiliger Einfluß auf ihn zu befürchten ist (Entwurf eines Jugendgerichtsgesetzes vom 14. Februar 1920 — Reichsrat 1920, Drucks. Nr. 37 — § 27 Abs. 2). Das Verbot der Verlesung von Leumundszeugnissen (StPO. § 253) gilt auch für den Fall, daß das Leumundszeugnis nur als Grundlage für den Beschluß über die Strafaussetzung verlesen werden soll, denn es kann keine Gewähr dafür geleistet werden, daß das verlesene Leumundszeugnis nicht auch bei der Entscheidung über die Schuldfrage oder über die Straffrage berücksichtigt wird.

[50]) (Zusatz) Auf die aus § 2 Abs. 1 Ziff. 4 des Ges. zur Erweiterung des Anwendungsgebietes der Geldstrafe und zur Einschränkung der kurzen Freiheitsstrafen vom 21. Dez. 1921 (RGBl. S. 1604) sich ergebende Verkürzung der Verjährungsfristen für die vor dem 1. Januar 1922 erkannten Geldstrafen von über 150 bis 1500 ℳ wird bei der Bemessung der Bewährungsfristen im Fall der bedingten Aussetzung der Ersatzfreiheitsstrafe Rücksicht zu nehmen sein (Allgem. Verf. vom 22. Dez. 1921 — JMBl. S. 665 — II 7).

[50a]) Bei nachträglicher Anhörung der Staatsanwaltschaft ist in Schöffengerichtssachen der Amtsanwalt, nicht der Staatsanwalt, zu hören, genau so wie in der Hauptverhandlung. Der, jetzt übrigens durch Art. VI § 1 des Ges. zur Entlastung der Gerichte vom 11. März 1921 (RGBl. S. 229) insofern abgeänderte § 483 Abs. 2 StPO. steht dem nicht entgegen, da es sich bei der Strafaussetzung nur im weiteren Sinne des Wortes um „Strafvollstreckung" handelt.

5 Jahre verlängert werden, jedoch nicht über den Eintritt der Verjährung[51]) hinaus.

§ 6. Die Entscheidung über die Aussetzung der Strafvollstreckung erfolgt durch einen besonderen, durch Rechtsmittel nicht anfechtbaren,[52]) mit Gründen[53]) versehenen Beschluß des Gerichts. Der Beschluß ist tunlichst mit dem Urteil zu verkünden[54]) oder mit dem Strafbefehl zuzustellen. Kann dies nicht geschehen,[55]) so ist er besonders zuzustellen. Bei minderjährigen[56]) Verurteilten erfolgt die Zustellung auch an den gesetzlichen Vertreter[57]) oder[58]) an denjenigen, dem die Sorge für seine Person zusteht.[59]) Lassen Umstände, die bei Erlaß des Urteils oder des Strafbefehls noch nicht bekannt gewesen sind, dem Gericht nachträglich die Bewilligung der Aussetzung der Strafvollstreckung angezeigt erscheinen, so kann nach Anhörung der Staatsanwaltschaft die Strafvollstreckung nachträglich ausgesetzt werden.[59a]) Dies gilt auch dann, wenn die Aussetzung durch einen früheren Gerichtsbeschluß ausdrücklich abgelehnt war. Insbesondere können Verurteilte, für die ein Gnadenerweis zunächst nicht in Aussicht genommen ist, sich die Aussicht auf einen solchen durch gute Führung während der Strafverbüßung erwerben. Wenn die Aussetzung der Vollstreckung eines Strafrestes in Frage kommt, so ist stets auch die Strafanstalt, in der der Verurteilte den bisher vollstreckten Teil der Strafe verbüßt

---

[51]) (Zusatz) Eine nachträgliche Verkürzung der Bewährungsfrist durch das Gericht ist nicht zulässig. Sollte sie ausnahmsweise einmal erwünscht erscheinen, so ist in dem für Gnadensachen vorgeschriebenen Verfahren eine Entscheidung des Justizministers einzuholen.

[52]) (Zusatz) Bahn tritt in der „Magdeburgischen Zeitung" vom 29. Dez. 1920 für die Einführung der Beschwerde ein.

[54]) (Zusatz) Buhe in DStZ. 1921 Spalte 163 macht darauf aufmerksam, daß mindestens dann, wenn das Berufungsgericht die von dem erstinstanzlichen Gericht festgesetzte Strafe ändert, ein neuer Beschluß des erstinstanzlichen Gerichtes über die Aussetzung der Strafvollstreckung erforderlich ist. — Fränkel weist im Zentralblatt für Vormundschaftswesen XII S. 219f darauf hin, daß die Mitteilung der Aussetzung in oder zugleich mit dem Urteile erziehungswidrig wirke, ganz besonders wenn sie schriftlich erfolge. Für viele Fälle, insbesondere bei Jugendlichen, ist diese Behauptung zutreffend. — Buhe, Sp. 164 verweist mit Recht darauf, daß es regelmäßig sehr schwer sei, lediglich auf Grund der Hauptverhandlung eine sachgemäße Entscheidung über die Aussetzung zu treffen, da gerade der persönliche Eindruck erfahrungsgemäß recht häufig trüge. Es sei deshalb großes Gewicht auf die Vorermittlungen zu legen.

[59a]) (Zusatz) vgl. Anm. 50a.

hat, zu hören, insbesondere über seine Führung in der Strafhaft (§ 3 der Allgemeinen Verfügung vom 21. Januar 1871 — JMBl. S. 34 —)[59b] und, sofern er sich noch in der Strafhaft befindet, über die Sicherung geeigneter Unterkunft und Arbeitsgelegenheit für den Fall der Entlassung.

§ 7. Zuständig zur Entscheidung über die Aussetzung der Strafvollstreckung ist das Gericht erster Instanz.[60] Das Berufungsgericht[61] kann,[61a] außer[62] wenn es die Berufung lediglich aus prozessualen Gründen verwirft,[63] gleichzeitig mit der Entscheidung

---

[59b] Die angezogene Bestimmung lautet: „Der Gefangene, welchem hiernach die vorläufige Entlassung zuteil werden soll, muß sich während der voraufgegangenen Haft der Anstaltsordnung entsprechend betragen und zugleich in seinen Gesamtverhalten denjenigen Ernst an den Tag gelegt haben, welcher als eine Gewähr dafür angesehen werden kann, daß er den bei der Entlassung gehegten Erwartungen entsprechen werde.

Auf den Umstand allein, daß der Gefangene zu disziplinarischen Rügen keinen Anlaß gegeben hat, darf der Entlassungsantrag niemals gegründet werden. Andererseits werden vereinzelte leichtere Verstöße gegen die Hausordnung, falls dieselben nicht auf üblen Willen zurückzuführen sind, bei sonst zufriedenstellendem Gesamtverhalten den Antrag nicht unbedingt ausschließen dürfen."

[60] Das Gericht erster Instanz ist grundsätzlich in allen Fällen zur Entscheidung über die Aussetzung zuständig, auch dann, wenn die Strafverhängung überhaupt erst (wenn das Gericht erster Instanz freigesprochen oder nicht auf eine Freiheitsstrafe erkannt hatte) oder doch wenigstens in dieser Form (wenn das Berufungsgericht eine andere Strafe festgesetzt hat) durch das Berufungsgericht erfolgt ist. (Buhe in DStrZ. S. 521 Spalte 162). Ist die Verurteilung in erster Instanz durch das Kriegsgericht einer Reichswehrbrigade erfolgt und nach Übergang der Militärgerichtsbarkeit die Berufung durch die Strafkammer verworfen worden, so erfolgt eine nachträgliche Aussetzung der Strafvollstreckung durch die Strafkammer.

[61a] Buhe in DStrZ. 1921 Sp. 162 findet einen Widerspruch darin, daß das Berufungsgericht die Entscheidung nur an sich ziehen kann, trotzdem gemäß § 8 das erkennende Gericht bei Festsetzung einer Freiheitsstrafe von Amts wegen zu prüfen habe, ob auszusetzen sei. Er übersieht dabei einmal, daß bei rein formalen Entscheidungen des Berufungsgerichtes eine Entscheidung über die Strafaussetzung nicht tunlich ist, sowie zweitens, daß z. Zt. der Urteilsfällung die Grundlagen für die Entscheidung über die Aussetzung nicht immer hinreichend bekannt sein werden.

[63] Das Berufungsgericht kann die Aussetzung der Strafvollstreckung stets an sich ziehen, ausgenommen allerdings, wenn es die Berufung lediglich aus prozessualen Gründen (StPO. § 363) verwirft. Es ist also gleichgültig, wer die Berufung eingelegt hat, sowie welche sachliche Entscheidung auf die Berufung ergeht. Das Berufungs-

über die Berufung über die Aussetzung der Strafvollstreckung entscheiden oder sich die Entscheidung über die Aussetzung der Strafvollstreckung ausdrücklich[64]) vorbehalten.

§ 8. Das erkennende Gericht hat bei der Festsetzung einer Freiheitsstrafe stets von Amts wegen zu prüfen, ob Anlaß zur Aussetzung der Strafvollstreckung gegeben ist. Im Falle der Verneinung dieser Frage bedarf[65]) es eines besonderen Beschlusses[66]) nur, wenn sie von der Staatsanwaltsschaft, dem Verurteilten oder seinem Verteidiger[67]) beantragt worden war, oder wenn der Verurteilte zur Zeit das 18. Lebensjahr noch nicht vollendet hatte.

§ 9. Nach der Rechtskraft des Urteils oder Strafbefehls ist dem Verurteilten, dem die Aussetzung der Strafvollstreckung bewilligt ist, mitzuteilen, daß das Urteil oder der Strafbefehl nunmehr[68]) vollstreckbar sei, daß aber die Strafvollstreckung gemäß dem Beschlusse des Gerichts bis zum Ablaufe der mit dem Ende des Monats, in dem die Mitteilung erfolgt, beginnenden Bewährungsfrist ausgesetzt werde. Zugleich ist er unter Eröffnung der ihm etwa aufer-

---

gericht kann die Aussetzung bewilligen, aber auch ablehnen. Das Berufungsgericht kann also die von dem erstinstanzlichen Gericht bewilligte Strafaussetzung auch dann ablehnen, wenn es die von dem Angeklagten eingelegte Widerrufung verwirft (Buhe in DStrZ. 1921 Sp. 163). Diese Folgerung muß aber mit in den Kauf genommen werden, wenn man dem Berufungsgericht die Möglichkeit geben will, überhaupt eine Entscheidung über die Aussetzung zu treffen. Andernfalls würde es dazu führen, daß das Berufungsgericht, um die ihm nicht richtig erscheinende Entscheidung der ersten Instanz über die Aussetzung ändern zu können, auch den Urteilstenor ändert. Zuzugeben ist, daß eine Entscheidung des Berufungsgerichts über die Aussetzung nicht angebracht erscheint, wenn der Angeklagte seine Berufung auf lediglich formale Fragen beschränkt hat, so auf die Frage, ob ein rechtsgültiger Strafantrag vorliegt oder ob die Strafverfolgung verjährt ist, usw. sodaß sich das Berufungsgericht mit der Schuldfrage und dem Strafmaß überhaupt nicht zu befassen hat. In solchen Fällen wird aber auch in analoger Anwendung des gesetzgeberischen Gedankens, daß bei einer lediglich formalen Entscheidung das Berufungsgericht die Entscheidung über die Aussetzung nicht an sich ziehen solle, das Berufungsgericht sich zweckmäßigerweise der Entscheidung enthalten. Zu beachten ist auch, daß das Gericht erster Instanz durch nachträglichen Widerruf oder Bewilligung der Aussetzung, falls die Sachlage es rechtfertigt, die Entscheidung des Berufungsgerichts hinfällig machen kann.

[64]) (Zusatz) Hat das Berufungsgericht nach dem Sitzungsprotokoll einen „anliegenden" Aussetzungsbeschluß verkündet, ist dieser aber verloren gegangen oder versehentlich garnicht gefertigt worden, so kann das Berufungsgericht nachträglich die Aussetzung beschließen.

legten besonderen Verpflichtungen[70]) über die Bedeutung[71]) der Bewährungsfrist zu belehren und ihm aufzugeben, dem Gericht oder der Vertrauensstelle jeden Wechsel seines Wohnorts[72]) während der Bewährungsfrist anzuzeigen. In geeigneten Fällen ist er darauf hinzuweisen, daß es für die Frage demnächstiger Begnadigung von Bedeutung sein werde, ob er den durch seine Straftat verursachten Schaden während der Bewährungsfrist nach Kräften wieder gutgemacht habe.[73]) Wird bedingte Strafaussetzung unter der Auflage der Zahlung einer Geldbuße gewährt, oder wird eine Freiheitsstrafe ausgesetzt, neben der auf eine Geldstrafe erkannt ist, so ist der Verurteilte über den Inhalt des § 3b Abs. 2 und des § 11 Satz 3 zu belehren.

Diese Mitteilungen[74a]) haben tunlichst[75]) mündlich zu erfolgen. Es empfiehlt sich, hierzu regelmäßig auch den gesetzlichen Vertreter des minderjährigen[76]) Verurteilten oder denjenigen, dem die Sorge für seine Person zusteht,[77]) mit vorzuladen.[78]) Soll der Verurteilte unter Schutzaufsicht gestellt werden, so ist es angebracht, auch einem Vertreter der Vertrauensstelle Gelegenheit zu geben, der Mitteilung der Aussetzung der Strafvollstreckung an den Jugendlichen beizuwohnen.[79])

Um die Mitteilung und Belehrung kann das Vormundschaftsgericht,[80]) das Jugendamt[81]) oder eine andere Behörde,[82]) bei einem in einer Anstalt[83]) untergebrachten Verurteilten die Anstaltsleitung ersucht werden, wenn sich der Verurteilte an einem anderen Orte[84]) als dem Sitze des Gerichts aufhält.

---

[74]) Anm. fällt fort.

[74a]) Fränkel im Zentralblatt für Vormundschaftswesen XII S. 219 f hält es für unerfindlich, weshalb eine zweimalige Verkündung des Aussetzungsbeschlusses, nämlich in der Hauptverhandlung (§ 6) und nach der Rechtskraft (§ 9) vorgesehen sei. Er übersieht dabei, daß die Mitteilung des § 6 über die Aussetzung nur vorläufigen Charakter hat, da das Urteil noch nicht rechtskräftig ist, daß andererseits der Verurteilte ein berechtigtes Interesse daran hat, zu wissen, ob diese Aussetzung gewährt ist oder nicht, schon deshalb, weil dies für die Frage der Einlegung eines Rechtsmittels von ausschlaggebender Bedeutung sein kann. Die Mitteilung des § 9 verfolgt den Zweck, den Verurteilten über das Wesen der Strafaussetzung und über ihren konkreten Inhalt in eingehender und eindringlicher Weise zu belehren. Dies kann nicht in der Hast der Hauptverhandlung in aller Öffentlichkeit geschehen, sondern in wirksamer Weise nur bei einer Zwiesprache zwischen Richter und Verurteilten im stillen Amtszimmer. Diese Belehrung tunlichst eindrucksvoll zu gestalten muß sich der Richter angelegen sein lassen.

§ 10. Gewinnt die Strafvollstreckungsbehörde die Überzeugung,[85]) daß der zu einer Geldstrafe Verurteilte auch bei gutem Willen zur Abtragung der Geldstrafe selbst in Teilzahlungen[86]) nicht imstande ist, so hat sie, wenn der Verurteilte zur Zeit der Tat das 18. Lebensjahr noch nicht vollendet hatte, oder wenn sie die Aussetzung der Vollstreckung der Ersatzfreiheitsstrafe für angezeigt erachtet,[86a]) die Akten dem Gericht zur Entscheidung gemäß §§ 1 ff. vorzulegen. In diesem Falle bedarf der Beschluß

---

[85]) Vgl. das Gesetz zur Erweiterung des Anwendungsgebietes der Geldstrafe und zur Einschränkung der kurzen Freiheitsstrafen vom 21. Dezember 1921 (RGBl. S. 1604). § 6: „Soweit die Geldstrafe nicht gezahlt wird, ist sie beizutreiben. Der Versuch, die Geldstrafe *beizutreiben* kann unterbleiben, wenn mit Sicherheit vorauszusehen ist, daß sie aus dem beweglichen Vermögen des Verurteilten nicht beigetrieben werden kann." (Dazu Hellwig, „Das Geldstrafengesetz", Berlin 1922, Anm. 67 ff.).

[86]) (*Zusatz*) über die Verwendung der *Geldstrafe gegen Jugendliche* vgl. auch „Schweizerisches Strafgesetzbuch, Protokoll der zweiten Expertenkommission" Bd. 1 S. 74, 79 ff. *Lieppmann*, „Die Reform des deutschen Strafrechts" (Hamburg 1921) S. 25 Anm. 2 will sogar, daß die Geldstrafe bei Jugendlichen unter die Erziehungsmaßregeln gerechnet werde; vgl. dazu auch *Hellwig* in den „Preußischen Jahrbüchern" Bd. 170 S. 82 ff.

[86a]) Vgl. die Allgem. Verf. vom 29. Juni 1921 über die Vollstreckung der Geldstrafe (JMBl. S. 368 f.): „Die Vollstreckung gerichtlich erkannter Geldstrafen stößt infolge der gedrückten wirtschaftlichen Verhältnisse, in denen der größere Teil des Volkes zu leben hat, oft auf Schwierigkeiten. Die sofortige Bezahlung einer Geldstrafe übersteigt in zahlreichen Fällen die wirtschaftliche Kraft der Verurteilten; eine rücksichtslose Vollstreckung führt nicht selten zu einer dauernden Schädigung seiner wirtschaftlichen Lage. Bleibt der Versuch der Beitreibung ganz oder teilweise erfolglos, so wird die Vollstreckung der Ersatzfreiheitsstrafen notwendig. Diese Wirkung ist besonders unerwünscht, weil die Vollstreckung kurzfristiger Freiheitsstrafen, um die es sich dabei zumeist handelt, den Verurteilten im allgemeinen nicht bessert, vielmehr seine wirtschaftlichen Schwierigkeiten erhöht, seine Familie fast regelmäßig in Mitleidenschaft zieht und seine soziale Stellung untergräbt. Die Erkenntnis der ungünstigen Wirkungen der kurzfristigen Freiheitsstrafen hat zu einer häufigen Anwendung der Geldstrafen geführt; muß nun statt einer Geldstrafe die Ersatzfreiheitsstrafe vollstreckt werden, so ist damit der mit der Wahl der Strafart verfolgte Zweck verfehlt.

Diesen Nachteilen nach Möglichkeit vorzubeugen, ist daher eine wichtige Aufgabe der Strafvollstreckung. Dazu bietet sich das Mittel einer der Lage des Einzelfalls gerecht werdenden Gewährung von *Zahlungsfristen* und von *Teilzahlungen*. Wo die Beitreibung einer Geldstrafe auf Schwierigkeiten stößt oder die Lage des Verurteilten ungünstig zu beeinflussen droht, ist daher mit besonderer Sorg-

des Gerichts über die Bewilligung oder die Ablehnung der Aussetzung der Strafvollstreckung[87]) nicht der Zustellung;[88]) im Falle der Bewilligung genügt die gemäß § 9 erfolgende Mitteilung, im Falle der Ablehnung gibt das Gericht die Akten der Strafvollstreckungsbehörde zurück.

---

falt zu prüfen, ob nicht durch Gewährung von Teilzahlungen oder Zahlungsfristen die Bezahlung der Geldstrafe erreicht und damit zugleich die Belastung der Staatskasse mit den Kosten der Vollstreckung der Ersatzfreiheitsstrafe vermieden werden kann.

Die Teilzahlungen müssen den wirtschaftlichen Verhältnissen des Verurteilten angepaßt werden. Zu hoch bemessene Teilzahlungen verfehlen zumeist ihren Zweck. Bei zu niedriger Bemessung wird die Strafe dem Verurteilten nicht hinreichend fühlbar.

Ist der Verurteilte auch bei gutem Willen zur Entrichtung von Teilzahlungen nicht imstande, so ist die bedingte Aussetzung der Ersatzfreiheitsstrafe zu erwägen. Ist der Verurteilte in der Lage zu arbeiten, so kann die Aussetzung in geeigneten Fällen davon abhängig gemacht werden, daß der Verurteilte für Rechnung der Staatskasse freie Arbeit nach Maßgabe seiner Kräfte leistet (§ 3 der Allgemeinen Verfügung vom 19. Okt. 1920). Wenn dagegen der Verurteilte trotz des ihm gewährten Entgegenkommens die Zahlung der Geldstrafe schuldhaft unterläßt oder verzögert, ist die Vollstreckung der Ersatzfreiheitsstrafe durchzuführen."

Vgl. jetzt auch Gesetz zur Erweiterung des Anwendungsgebietes der Geldstrafe und zur Einschränkung der kurzen Freiheitsstrafen (RGBl. S. 1604) § 5:

„Ist dem Verurteilten nach seinen wirtschaftlichen Verhältnissen nicht zuzumuten, daß er die Geldstrafe sofort zahlt, so kann ihm das Gericht eine Frist bewilligen oder gestatten, die Strafe in bestimmten Teilbeträgen zu zahlen.

Das Gericht kann diese Vergünstigungen auch nach dem Urteil bewilligen. Es kann seine Entschließungen nachträglich ändern. Leistet der Verurteilte die Teilzahlungen nicht rechtzeitig oder bessern sich seine wirtschaftlichen Verhältnisse wesentlich, so kann das Gericht die Vergünstigung widerrufen.

Auf die nach Abs. 2 zu treffenden Entscheidungen findet § 494 der Strafprozeßordnung entsprechende Anwendung."

§ 6. „Soweit die Geldstrafe nicht gezahlt wird, ist sie beizutreiben. Der Versuch die Geldstrafe beizutreiben, kann unterbleiben, wenn mit Sicherheit vorauszusehen ist, daß sie aus dem beweglichen Vermögen des Verurteilten nicht beigetrieben werden kann."

§ 7. „Die Vollstreckungsbehörde kann dem Verurteilten gestatten, eine uneinbringliche Geldstrafe durch freie Arbeit zu tilgen."

§ 8. „Das Nähere regelt die Reichsregierung mit Zustimmung des Reichsrats. Soweit dies nicht geschieht, sind die obersten Landesbehörden ermächtigt, das Nähere zu regeln. Nach Anhörung der Staatsanwaltschaft kann das Gericht (§ 494 der Strafprozeßordnung) anordnen, daß die Vollstreckung der Ersatzfreiheitsstrafe unterbleibt, wenn der

§ 11. Die Justizbehörden, insbesondere[89]) die Strafverfolgungsbehörden, die Strafvollstreckungsbehörden, die Strafanstalt, in der der Verurteilte Strafe verbüßt und das Vormundschaftsgericht haben dem erkennenden Gericht erster Instanz mitzuteilen, wenn ihnen bekannt wird, daß der Verurteilte sich schlecht[90]) führt. Geht dem Gericht von dieser oder anderer Seite[91]) eine solche Mitteilung zu, so ist es ermächtigt, nach Anstellung der etwa erforderlichen weiteren Ermittlungen und nach Anhörung der Staatsanwaltschaft die Bewährungsfrist zu verlängern,[92]) dem Verurteilten andere als die zunächst vorgesehenen Auflagen auch nach § 3b[93]) zu machen, weitere[94]) Maßnahmen des Vormundschaftsgerichts oder der Fürsorgeerziehungsbehörde anzuregen oder die Aussetzung der Strafvollstreckung zu widerrufen.[95]) Dies gilt insbesondere im Falle des § 3a, wenn der Verurteilte sich während der Strafvollstreckung schlecht führt[96]) oder, im Falle des § 3b,

---

Verurteilte ohne sein Verschulden außerstande ist, die Geldstrafe zu zahlen oder durch freie Arbeit zu tilgen." (Vgl. zu den einzelnen Bestimmungen den Kommentar von Hellwig, „Das Geldstrafengesetz", Berlin 1922). Zu der Anordnung auf Grund des § 8 des Geldstrafengesetzes sind die Gerichte selbstverständlich in allen gerichtlichen Strafsachen befugt, zu der Aussetzung der Vollstreckung von Ersatzfreiheitsstrafen auf Grund des § 10 der Allgem. Verf. vom 19. Okt. 1920, dagegen nicht in denjenigen Sachen, in denen das Gnadenrecht einem anderen Staatsminister als dem preußischen Justizminister übertragen worden ist. (Vgl. oben Zusatz zu Anm. 1). Die Allgem. Verf. vom 22. Dez. 1921 (JMBl. S. 665) II 3 weist mit Recht darauf hin, daß, bevor von der Befugnis des § 8 des Geldstrafenges. Gebrauch gemacht werde, bedingte Aussetzung der Ersatzfreiheitsstrafe zu erwägen sei.

[93]) Anordnung der Schutzaufsicht, der Zahlung einer Geldbuße usw. Hat der Verurteilte *neben einer bedingt ausgesetzten Freiheitsstrafe eine Geldstrafe* zu zahlen, so finden die Vorschriften des § 11 Abs. 1 Satz 2 in Verbindung mit § 3b Abs. 1 Satz 2 und des § 11 Satz 3 sowie des § 19 Satz 2 entsprechende Anwendung. (Verf. vom 5. Sept. 1921 — JMBl. S. 482).

[95]) (*Zusatz*) Bisher war ein *Widerruf* nur dann zulässig, wenn sich der Verurteilte nach der Aussetzung der Strafvollstreckung schlecht geführt hatte, nicht dagegen dann, wenn sich das Gericht geirrt hatte, selbst dann nicht, wenn dieser Irrtum durch den Verurteilten vorsätzlich herbeigeführt worden war. Insbesondere, wenn die Aussetzung schon in der Hauptverhandlung beschlossen wird, ohne daß ausreichende Vorermittlungen stattgefunden haben, kann es vorkommen, daß Verurteilten, deren Persönlichkeit und Vorleben die Vollstreckung der Strafe erwünscht macht, Aussetzung gewährt wird. Wenn die Vollstreckung angeordnet werden sollte, mußte bisher an den Justizminister berichtet werden. Durch nachstehende Allgemeine Verfügung vom 19. Jan. 1922 (JMBl. S. 30) sind jetzt die Gerichte auch in solchen

wenn er die Buße oder wenn er eine neben der ausgesetzten Freiheitsstrafe erkannte Geldstrafe schuldhafterweise nicht pünktlich zahlt.[96a])

Bei einem Verurteilten, der sich in Fürsorgeerziehung oder aus anderer Veranlassung in einer Erziehungs- oder Besserungsanstalt befindet, ist vor dem Widerruf der Aussetzung die Entscheidung des Justizministers einzuholen, wenn der Vorstand des zur Fürsorgeerziehung verpflichteten Kommunalverbandes oder der Vorstand der Erziehungsanstalt oder Besserungsanstalt der Strafvollstreckung widerspricht.[97]) War jedoch die Aussetzung der Strafvollstreckung von vorneherein[98]) an die Bedingung geknüpft, daß der Verurteilte aus der Fürsorge- oder Anstaltserziehung nicht entweiche, so kann,[99]) wenn die Bedingung nicht erfüllt wird, die Strafvollstreckung ohne weiteres eingeleitet werden.[100])

Lassen im Falle des § 3b Abs. 2 Satz 2 Billigkeitsgründe die Rückzahlung der bereits ganz oder zum Teil entrichteten[100a]) Buße oder einen anderweiten Gnadenerweis angebracht erscheinen, so sind die Akten dem Beauftragten für Gnadensachen zwecks Berichterstattung an den Justizminister vorzulegen.

§ 12. Gegen Ablauf[101]) der Bewährungsfrist zieht das Gericht erster Instanz Erkundigungen nach der Führung des Ver-

---

Fällen zu einem Widerruf ermächtigt worden: „Werden dem Gericht, nachdem es einem Verurteilten bedingte Strafaussetzung gewährt hat, nachträglich Tatsachen bekannt, die es, wenn sie ihm zur Zeit des Beschlusses bekannt gewesen wären, bei Würdigung des Wesens der bedingten Strafaussetzung von der Gewährung dieser Vergünstigung abgehalten haben würde (z. B. erhebliche Vorstrafen, andere schwebende Strafverfahren), so ist es in der Lage, je nach den Umständen des Einzelfalls den gefaßten Beschluß wieder aufzuheben und die Vollstreckung der erkannten Strafe anzuordnen, auch wenn eine schlechte Führung des Verurteilten seit der Strafaussetzung nicht festgestellt ist." Diese Möglichkeit des Widerrufs infolge eines Irrtums darf aber nicht dazu führen, ohne ausreichende Grundlage über die Aussetzung zu entscheiden, denn unerfreulich ist ein solcher Widerruf stets, nicht nur vom Standpunkt des Verurteilten, sondern auch vom Standpunkt des Ansehens der Gerichte.

96a) Schlechte Führung ist auch dann anzunehmen, wenn der Verurteilte schuldhafterweise ihm zur Tilgung der Geldstrafe nachgelassene freie Arbeit nicht leistet. Vgl. Anm. 86a.

100a) Rückzahlungen der Buße aus Billigkeitsgründen kommen nur dann in Frage, wenn die Buße an den Staat gezahlt ist. — Dieses umständliche Berichtsverfahren wird vermieden, wenn statt der Zahlung der Geldbuße nur ihre Hinterlegung aufgegeben war (vgl. Anm. 36c).

urteilten in der Zwischenzeit ein. Soweit den Auskunftspersonen der Zusammenhang der Anfrage mit einer früheren Bestrafung bekanntgegeben werden muß, ist kenntlich zu machen, daß es sich um die Frage des Erlasses der Strafe auf Grund guter Führung handelt; es ist zu verhüten, daß die Nachfrage unter dem Gesichtspunkt einer kriminalpolizeilichen[102]) Ermittlung aufgefaßt wird.

Zum Nachweis einer guten Führung ist nicht genügend, daß über den Verurteilten nichts Nachteiliges bekanntgeworden ist, sondern es bedarf der tatsächlichen Feststellung eines zufriedenstellenden Gesamtverhaltens.[103]) Insbesondere ist zu prüfen, ob der Verurteilte den bei Erwirkung der Strafaussetzung in ihn gesetzten besonderen Erwartungen[104]) (Unterstellung unter Schutzaufsicht, Eintritt in die Lehre, Leistung von Schadensersatz, Enthaltung von geistigen Getränken usw.) entsprochen hat.

§ 13. Ergeben die eingezogenen Erkundigungen, daß sich der Verurteilte während der Bewährungsfrist gut geführt hat, so ist das Gericht ermächtigt, nach Anhörung der Staatsanwaltschaft[104a]) Gefängnis-, Festungshaft-, Arrest- und Haftstrafen ohne Rücksicht auf die Dauer, bei Zuchthausstrafen Reststrafen von nicht mehr als 6 Monaten, zu erlassen;[105]) das gleiche gilt für Geldstrafen, zu deren Ersatz solche Freiheitsstrafen festgesetzt sind.

Hält das Gericht zwar einen Gnadenerweis, aber nicht den vorbehaltlosen Erlaß der Strafe für angezeigt,[106]) so kann[107]) es dem Verurteilten nachlassen, die Strafvollstreckung durch Zahlung einer Geldbuße abzuwenden.[108])

§ 14. Von der Bewilligung der Aussetzung der Strafvollstreckung und ihrem etwaigem Widerruf, von einer Verlängerung der Bewährungsfrist sowie von dem Gnadenerweis hat das Büro

---

[103]) (Zusatz) Es empfiehlt sich auch auf Bezahlung der Gerichtskosten durch den Angeklagten, soweit sie in seinen Kräften steht, hinzuwirken.

[104a]) Vgl. Anm. 50a.

[105]) (Zusatz) Hat das Gericht innerhalb seiner Zuständigkeit die Strafe erlassen, so ist der staatliche Strafanspruch getilgt. Der Justizminister kann also nicht mehr die Vollstreckung anordnen (Hartung in DRZ. 1921 Sp. 251), auch wenn bei sachgemäßer Würdigung des Verhaltens während der Bewährungszeit seine Führung als schlecht bezeichnet werden muß.

[106]) (Zusatz) Vgl. § 3b.

der Strafvollstreckungsbehörde das Strafregister[109]) unverzüglich[110]) zu benachrichtigen.[111])

§ 15. Die Vorbereitung[112]) und die Ausführung[113]) der Entscheidungen[114]) des Gerichts liegen dem Vorsitzenden oder einem von ihm bestellten Mitglied ob.

§ 16. Ist der Verurteilte von mehreren Gerichten[115]) zu Freiheitsstrafen verurteilt, die er noch nicht verbüßt[116]) hat, oder wird gegen ihn ein neues Strafverfahren anhängig,[117]) so haben sich die beteiligten Behörden[118]) miteinander in Verbindung zu setzen, um eine einheitliche Behandlung der Aussetzung der Strafvollstreckung, des Widerrufs und des Gnadenerweises herbeizuführen. Gelingt eine Einigung nicht, so hat dasjenige Gericht, das die Strafe vollstrecken will, an den Justizminister zu berichten. Ist das Gericht eines anderen Landes beteiligt, so ist die Allgemeine Verfügung vom 29. Juni 1914 (JMBl. S. 571) entsprechend anzuwenden.[119])

§ 17. Alle vor oder nach der Verurteilung erforderlichen Erkundigungen sind schonend einzuziehen.[120]) Als Auskunftsstellen kommen, abgesehen von den Gemeinde- und Polizeiverwaltungen[121]) sowie der Vertrauensstelle, welche die Schutzaufsicht übernommen hat, insbesondere die Jugendgerichtshilfe, Fürsorgevereine, Jugend-

---

[109]) Die Strafregisterbehörden sind angeführt in dem Zentralblatt für das Deutsche Reich 1920 und in dem JMBl. 1921 S. 443; abgedruckt in meinem Kommentar S. 44ff. In Württemberg ist jetzt die Staatsanwaltschaft bei den Landgerichten, nicht mehr die Ortsvorsteher jeder Gemeinde Strafregisterbehörde (Amtsblatt des Württ Justizministeriums 1920 S. 235, auch JMBl. 1921 S. 71).

[110]) (Zusatz) Wer sich innerhalb der Bewährungsfrist gut führt, dem deshalb die Strafe erlassen wird, der dann aber einen dritten Diebstahl begeht, ist des Rückfalldiebstahls schuldig, während jemand, der innerhalb der Bewährungsfrist den dritten Diebstahl begeht, nicht wegen Rückfalls verurteilt werden kann (Rothbarth in DStrZ. 1920 Sp. 50). — Die Rechtslage wird nicht geändert durch E. 1919 § 118, der es auf die Verbüßung, die Verjährung, den Erlaß der Strafe abstellt. VE. § 87 sowie Kommissionsentwurf § 119 ließen die Rückfallsfolgen dagegen nur nach Verbüßung der Strafe eintreten.

[112]) (Zusatz) Dem Vorsitzenden des Gerichts liegt die Vorbereitung nur insoweit ob, als sie nicht schon durch die Staatsanwaltschaft vorzunehmen ist, vgl. Zusatz zu Anm. 45 — StPO. § 36 findet keine Anwendung. Der Vorsitzende des Gerichts muß vielmehr die Zustellung durch den Gerichtsschreiber vornehmen lassen (Hartung in DRZ. 1921 Sp. 281).

ämter, Kreiswohlfahrtsämter, Fürsorgeausschüsse und dergleichen, Waisenräte, Geistliche, Lehrer, unter Umständen auch Arbeitgeber, Lehr- und Dienstherren in Betracht. Auf eine vertrauliche Behandlung der Anfrage ist hinzuwirken.[122])

II. Aussetzung der Strafvollstreckung durch den Justizminister.

§ 18. Erachtet das Gericht[123]) die Aussetzung der Strafvollstreckung in einem Falle für angezeigt, in welchem es zu ihrer Bewilligung nicht ermächtigt[124]) ist, so spricht es dies in einem mit Gründen versehenen Beschluß aus, sieht aber von dessen Verkündung oder Zustellung ab.[125]) Nach der Rechtskraft des Urteils legt die Strafvollstreckungsbehörde den Beschluß mit ihrer Äußerung dem Beauftragten für Gnadensachen vor, der gemäß III, 11 der Allgemeinen Verfügung vom 26. August 1919 (JMBl. S. 405) verfährt.[126])

§ 19. Die dem Gericht in § 11 erteilte Ermächtigung gilt auch für diejenige Fälle, in denen die Aussetzung der Strafvollstreckung von dem Justizminister bewilligt ist.[127]) Das Gericht

---

124) Statt des ersten Satzes muß es heißen: „Weil eine Zuchthausstrafe von mehr als sechs Monaten ausgesetzt werden soll." — Wachenfeld (Archiv f. Rechts- und Wirtschaftsphilosophie Bd. 15 S. 91) bezeichnet es bei der Besprechung des Strafgesetzentwurfs von 1919 mit Recht als unbillig, die bedingte Strafaussetzung bei einer Verurteilung zu Geldstrafe nicht zuzulassen: „Der Entwurf läuft hier hinaus auf eine durch nichts gerechtfertigte Bevorzugung der Mittellosen und der raffinierten Gesetzesübertreter, die sich der Beitreibung der Geldstrafe zu entziehen wissen." Auch Gerland, „Kritische Bemerkungen zum Allgemeinen Teil des Strafgesetzentwurfes 1919" (Tübingen 1921). S. 63f. tritt für die Erstreckung der Aussetzung auf die Geldstrafe ein. Der Schweizer Entwurf Art. 39 kennt die Strafaussetzung gleichfalls nur bei Freiheitsstrafen, der italienische von 1921 Art. 78 dagegen auch bei Geldstrafen. Der Standpunkt des italienischen Entwurfes ist m. E. vorzuziehen. Der Standpunkt des deutschen und des Schweizer Entwurfes erklären sich geschichtlich: Die bedingte Strafaussetzung ist geschaffen, um die Nachteile kurzer Freiheitsstrafen zu vermeiden. Immer mehr hat man aber erkannt, daß sie außer dieser negativen auch eine positive Funktion hat, indem sie den Verurteilten anspornt, die guten Vorsätze, die er gefaßt hat, auch durchzuführen und ein einwandfreies Leben zu führen. Diese Aufgabe kann die bedingte Strafaussetzung aber auch bei der Geldstrafe erfüllen.

126) Statt „Erster Staatsanwalt" hat es zu heißen Oberstaatsanwalt.

127) (Zusatz) So jetzt auch Hartung in DRZ. Sp. 255ff. Wenn künftig — zunächst für die Jugendlichen, später ganz allgemein — die

kann für die Entrichtung Teilzahlungen und Fristverlängerungen innerhalb der Bewährungsfrist bewilligen, wenn der Justizminister die Auflage der Zahlung einer Geldbuße gemacht hat.[127a])

§ 20. § 13 gilt auch für diejenigen Fälle, in denen die Aussetzung der Vollstreckung einer Gefängnis-, Festungshaft-, Arrest- oder Haftstrafe oder bei Zuchthausstrafen die Vollstreckung einer Reststrafe von nicht mehr als 6 Monaten durch den Justizminister bewilligt ist.

§ 21. In denjenigen Fällen, in denen nicht gemäß §§ 13, 20 das Gericht zum Erlasse der Strafe ermächtigt ist, zieht gegen Ablauf der Bewährungsfrist der Beauftragte für Gnadensachen die erforderlichen Erkundigungen ein und ersucht sodann das Gericht erster Instanz[128]) sowie die in Ziffer I, 5 der Allgemeinen Verfügung vom 19. Juni 1919 (JMBl. S.341) bezeichneten Stellen[129]) um eine Äußerung über Herbeiführung eines Gnadenerweises. Nach Eingang der Äußerungen berichtet er stets[130]) an den Justizminister.

§ 22. Soweit nicht in den §§ 18 bis 21 etwas abweichendes bestimmt ist, findet Abschnitt I dieser Verfügung auch auf die Fälle des Abschnitts II sinngemäße Anwendung.[131])

III. Gnadengesuche.

§ 23. Alle Gnadengesuche, in denen lediglich[132]) um Aussetzung der Strafvollstreckung gebeten wird, sind von den Justiz-

---

bedingte Strafaussetzung durch die Gerichte nicht mehr als ein Gnadenakt, sondern als ein Akt der Rechtsprechung vorgenommen wird, bleibt trotzdem daneben die Befugnis des Justizministers, im Gnadenwege Aussetzung zu bewilligen, bestehen. Dagegen kann der Justizminister dann nicht mehr Vollstreckung von Strafen anordnen, deren Aussetzung das Gericht beschlossen hat. (Hartung Sp. 252.)

[127a]) Maßgebend für diese Ermächtigung ist der Gedanke, daß die Notwendigkeit zur Bewilligung von Teilzahlungen und Fristverlängerungen sich vielfach erst nachträglich herausstellen wird. Es wird deshalb auch dann, wenn das Berufungsgericht die Auflage der Zahlung einer Geldbuße gemacht hat, das Gericht erster Instanz als berechtigt gelten müssen, Teilzahlungen und Fristverlängerungen innerhalb der Bewährungsfrist zu bewilligen und die von dem Berufungsgericht bewilligten abzuändern. — Vgl. Anm. 93.

[131]) (Zusatz) Sinngemäß anzuwenden sind auch §§ 3a, 3b.

behörden,[133]) bei denen sie eingehen, unmittelbar dem erkennenden Gericht erster Instanz zu übersenden.

Ist das Gericht zur Aussetzung der Strafvollstreckung ermächtigt, so verfährt es gemäß Abschnitt I. Will es nach Abschluß der Ermittelungen die Aussetzung nicht bewilligen, so gibt es das Gesuch mit seiner Äußerung an den Beauftragten für Gnadensachen weiter.[133a]) Dieser hat, wenn auch keine der in Ziffer I, 5 der Allgemeinen Verfügung vom 19. Juni 1919 (JMBl. S. 341) bezeichneten drei Stellen die Aussetzung der Strafvollstreckung oder einen alsbaldigen Gnadenerweis befürwortet, das Gesuch ablehnend zu bescheiden, andernfalls an den Justizminister zu berichten. Der Berichterstattung bedarf es nicht, wenn von keiner Seite ein alsbaldiger Gnadenerweis befürwortet und einer Anregung auf Aussetzung der Strafvollstreckung von dem Gericht bei nochmaliger Vorlegung der Akten entsprochen wird.[133b])

Sind die Voraussetzungen des § 1 nicht gegeben,[134]) so gibt das Gericht das Gesuch ohne weitere Ermittelungen mit einer vorläufigen Äußerung an den Beauftragten für Gnadensachen weiter. Dieser zieht, wenn das Gericht die Erörterung der Aussetzung empfiehlt, die erforderlichen Erkundigungen ein und verfährt sodann gemäß Ziffer III, 11 der Allgemeinen Verfügung vom 26. August 1919 (JMBl. S. 405). Spricht sich das Gericht gegen jede Berücksichtigung des Gesuchs aus, so verfährt der Beauftragte für Gnadensachen gemäß Abs. 2 Satz 3.

§ 24. Auch alle übrigen[135]) Gnadengesuche sind, soweit sie nach den bestehenden Vorschriften von Justizbehörden zu bearbeiten[136]) sind, von dem Beauftragten für Gnadensachen nach der Richtung zu prüfen, ob der Fall sich zur Bewilligung der Aussetzung der Strafvollstreckung anstatt eines sofortigen Gnadenerweises eignet.

Erachtet auf ein dem Beauftragten für Gnadensachen zugefertigtes[137]) Gnadengesuch keine der in Ziffer I, 5 der Allgemeinen

---

[133a]) In der ersten Auflage war an dieser Stelle statt eines Punktes versehentlich ein Komma gesetzt.

[133b]) Wenn der Beauftragte für Gnadensachen und der in Gnadensachen mitwirkende Rechtsanwalt sich für Aussetzung (ohne Auferlegung einer Buße) aussprechen, der Staatsanwalt Ablehnung des Gnadengesuchs für angebracht hält, das Gericht aber zwar aussetzen will, aber unter Auferlegung einer Buße, so bedarf es keines Berichtes. Vgl. jetzt auch Anm. 138 b.

[137]) (Zusatz) Vgl. Verf. des JM. vom 4. April 1921 (JMBl. S. 576): „Nach seinem Wortlaut ist § 24 Abs. 2 der Allgemeinen

Verfügung vom 19. Juli 1919 (JMBl. S. 341) bezeichneten drei Stellen einen sofortigen Gnadenerweis, wohl aber auch nur eine von ihnen die Aussetzung der Strafvollstreckung für angezeigt, so hat der Beauftragte das Gesuch nebst den entstandenen Vorgängen dem Gericht erster Instanz vorzulegen. Der Vorlegung bedarf es nicht, wenn das Gericht die Aussetzung der Strafvollstreckung bereits abgelehnt [138]) hat, es sei denn, daß sich neue Umstände ergeben haben, die für die Aussetzung sprechen. Erachtet das Gericht die Aussetzung der Strafvollstreckung für angezeigt, so regelt sich das weitere Verfahren nach den Bestimmungen in Abschnitt I und II. Hatte der Justizminister Bericht über das Gnadengesuch erfordert, so erstattet ihm in den Fällen des Abschnitts I das Gericht Anzeige von der Bewilligung der Aussetzung; diese Anzeige übersendet es dem Beauftragten für Gnadensachen zur Weitergabe an den Justizminister. Spricht sich das Gericht gegen die Aussetzung der Strafvollstreckung aus, [138a]) so gibt es das Gesuch nebst den Vorgängen dem Beauftragten für Gnadensachen zur weiteren Behandlung zurück. [138b])

Verfügung vom 19. Okt. 1920 lediglich auf Gnadengesuche anwendbar, die den Beauftragten für Gnadensachen bereits gemäß Ziffer III 3 der Allgemeinen Verfügung vom 26. Aug. 1919 von mir zugefertigt sind. Es wird aber Bedenken nicht unterliegen und erscheint zudem zweckmäßig, wenn Eure Hochwohlgeboren auch in Fällen, in denen auf ein Ihnen noch nicht zugefertigtes Gnadengesuch nach dem Ergebnis der Vorprüfung zwar von keiner Seite ein alsbaldiger Gnadenerweis, wohl aber wenigstens von einer der an der Prüfung des Gesuchs beteiligten Stellen bedingte Strafaussetzung befürwortet wird, vor Erstattung eines entsprechenden Berichts an mich über den Wortlaut des § 24 Abs. 2 der Allgemeinen Verfügung vom 19. Okt. 1920 hinaus auch dem erkennenden Gerichte Gelegenheit zur Stellungnahme geben, damit diese bei der hiesigen Entscheidung berücksichtigt werden kann."

[138a]) Das ist kein Beschluß; es bedarf daher keiner Zustellung an den Verurteilten.

[138b]) Zu beachten ist die Verf. des JM. vom 21. April 1922 über die bedingte Aussetzung der Strafvollstreckung (JMBl. S. 143) zu 1: „Wenn auch der Wortlaut des § 24 Abs. 2 der Allgemeinen Verfügung vom 19. Oktober 1920 (JMBl. S. 565) Zweifel nicht ausschließt, so sehe ich es doch nicht als unrichtig an, wenn in Fällen, in denen in Abweichung von der Stellungnahme der Gnadenstellen oder einzelnen von ihnen das Gericht nur für einen Teil der Strafe oder nur unter Auferlegung besonderer Pflichten — insbesondere Auferlegung einer Geldbuße — bedingte Strafaussetzung gewährt hat, die Berichterstattung unterbleibt oder — sofern ein Bericht ausdrücklich erfordert war — statt dessen eine einfache Anzeige erstattet wird. Nur wenn eine der Gnadenstellen

Bewilligt das Gericht auf ein dem Beauftragten für Gnadensachen noch nicht zugefertigtes Gnadengesuch dem Verurteilten Strafaussetzung hinsichtlich der erkannten Freiheitsstrafe oder eines Strafteils, so bedarf es der Vorlegung des Gesuchs beim Justizminister nur, wenn eine der zu hörenden Stellen (I 5 der Allg. Verf. vom 19. Juli 1919) einen sofortigen Gnadenerweis befürwortet hat, oder wenn der Verurteilte dies, nachdem ihm die gerichtliche Entscheidung mitgeteilt worden ist, ausdrücklich verlangt.

§ 25. Auch wenn der Justizminister auf den Bericht des Beauftragten für Gnadensachen die Aussetzung der Strafvollstreckung bewilligt hat, erfolgt die im § 9 vorgeschriebene Mitteilung durch das Gericht.[139])

IV. Vorläufige Entlassung.

§ 26. Anträge auf vorläufige Entlassung eines Verurteilten[139a]) (§§ 23 ff. StGB.) sind stets auch nach der Richtung zu prüfen, ob etwa die Aussetzung vorzuziehen ist. Dies wird namentlich dann der Fall sein, wenn die Genehmigung der vorläufigen Entlassung deshalb bedenklich erscheint, weil im Hinblick auf die Beschaffenheit der Straftat oder die Persönlichkeit des Verurteilten die bis zum Ablaufe der Strafzeit noch verbleibende Frist (§ 26 StGB.) eine zu kurze Bewährungsfrist darstellen würde. In diesen Fällen ist die Aussetzung der Strafvollstreckung lediglich[140]) danach zu beurteilen, ob sie für die nicht angängig erscheinende vorläufige Entlassung des Verurteilten Ersatz zu bieten vermag.[141])

---

einen sofortigen Gnadenerweis befürwortet hatte, bedarf es stets eines Berichtes; das gleiche gilt, wenn in den im Satz 1 erwähnten Fällen der Verurteilte selbst, nachdem ihm die gerichtliche Entscheidung mitgeteilt worden ist, die Berichterstattung besonders verlangt. Dieser Grundsatz, der neuerdings im Abs. 3 (Allgemeine Verfügung vom 15. Juni 1921 — JMBl. S. 349 —) zum Ausdrucke gelangt ist, gilt entsprechend auch für den Bereich des Abs. 2. Ich setze dabei voraus, daß in den Anzeigen, die in solchen Fällen an Stelle des Berichts erstattet werden, stets die Lage der Vollstreckung und die abweichende Stellungnahme der Gnadenstellen mitgeteilt wird."

[139a]) Das Gesuch des Verurteilten oder eines Dritten ist kein „Antrag". Derartige Gesuche sind daher zuständigkeitsgemäß zunächst dem Direktor der Strafanstalt zu übersenden und von diesem nach dem Ergebnis der von ihm vorgenommenen Prüfung gegebenenfalls durch ablehnenden Bescheid zu erledigen (§ 9 der Allgemeinen Verfügung vom 21. Jan. 1871 — JMBl. S. 34). Nur wenn der Strafanstaltsdirektor oder der Generalstaatsanwalt auf Grund des ihm

Gegebenenfalls hat die Staatsanwaltschaft die Strafakten und die Akten der Strafanstalt mit sämtlichen auf die zunächst in Aussicht genommene vorläufige Entlassung bezüglichen Vorgängen dem Gerichte, wenn dieses zur Aussetzung zuständig ist, andernfalls dem Beauftragten für Gnadensachen zu übersenden. Das Gericht verfährt gemäß Abschnitt I; will es nach dem Abschlusse der Ermittlungen die Aussetzung nicht bewilligen, so gibt es das Gesuch mit seiner Äußerung an den Beauftragten für Gnadensachen weiter.

Der Beauftragte für Gnadensachen, dem ein Antrag auf vorläufige Entlassung gemäß Abs. 2 vorgelegt wird, berichtet stets an den Justizminister nach dem Muster der Anlage C der Allgemeinen Verfügung vom 26. August 1919 (JMBl. S. 405). In Spalte 4 ist neben der Stellungnahme der Staatsanwaltschaft und des beteiligten Anwalts stets auch diejenige der Strafanstalt anzugeben. § 23 Abs. 2 Satz 4 findet entsprechende Anwendung.

V. Übergangs- und Schlußbestimmungen.

§ 27. Inwieweit die am 31. Oktober 1920 schon im Aussetzungsverfahren[142]) laufenden Strafsachen noch nach den bisherigen Bestimmungen zu erledigen sind, bleibt dem Ermessen[143]) der zuständigen Behörden der Staatsanwaltschaft überlassen.

§ 28. Die dem Gericht in den §§ 11 und 13 erteilte Ermächtigung gilt auch für diejenigen Fälle, in denen die Aussetzung der Strafvollstreckung von einer Behörde der Staatsanwaltschaft bewilligt worden ist.

§ 29. Nach Schluß eines jeden Vierteljahrs sind die Ergebnisse der Aussetzung der Strafvollstreckung aus dem abgelaufenen Vierteljahr nach dem in der Anlage abgedruckten Muster[144]) mit-

---

von dem ersteren in diesem Fall zu erstattenden Berichtes (§ 5 a. a. O.) zu dem Ergebnis kommen, daß die vorzeitige Entlassung des Verurteilten überhaupt in Erwägung gezogen werden könne, daß aber der vorläufigen Entlassung gemäß § 23 StGB. die bedingte Strafaussetzung vorzuziehen sei, liegen die Voraussetzungen für das Verfahren gemäß § 26 vor. — Die Anträge auf vorläufige Entlassung werden von dem Generalstaatsanwalt gestellt. Bei weitherziger Auslegung kann man § 26 auch dann anwenden, wenn nicht der Generalstaatsanwalt, sondern nur der Direktor der Strafanstalt bedingte Aussetzung statt der vorläufigen Entlassung empfiehlt.

[144]) (Zusatz) Bei der Mitteilung der Ergebnisse der bedingten Strafaussetzung sind auch diejenigen Fälle zu berücksichtigen, in wel-

zuteilen. Das Büro des aufsichtführenden Amtsgerichtsrats hat diese Mitteilung an den Präsidenten des Landgerichts zu machen. Das Büro des Präsidenten des Landgerichts[145]) hat eine Zusammenstellung für das Landgericht und die Amtsgerichte an den Präsidenten des Oberlandesgerichts zu senden. Das Büro des Präsidenten des Oberlandesgerichts[146]) hat die Zahlen für den Oberlandesgerichtsbezirk zusammenzustellen und die von ihm gefertigte Zusammenstellung der Geheimen Kalkulatur des Justizministeriums bis zum 15. Februar, 15. Mai, 15. August, 15. November mitzuteilen.

Die erstmalige Übersicht nach dem in der Anlage abgedruckten Muster umfaßt die Zeit bis zum 31. Dezember 1920. In sie sind nur gerichtliche Entscheidungen aufzunehmen. Daneben verbleibt es für das Jahr 1920 bei der Aufstellung der in der Allgemeinen Verfügung vom 9. Mai 1917 vorgeschriebenen Übersicht C. Vom Jahre 1921 ab fällt die in der Allgemeinen Verfügung vom 9. Mai 1917 vorgeschriebene Übersicht C fort; die dann etwa noch ergehenden Entscheidungen der Behörden der Staatsanwaltschaft sind unter den für entsprechende gerichtliche Entscheidungen bestimmten Nummern mit farbiger Tinte besonders aufzuführen.

§ 30. Für die Fälle der §§ 35 bis 38 der Allgemeinen Verfügung vom 14. März 1917 (JMBl. S. 85) bleibt jene

---

chen die Vollstreckung der von außerordentlichen Gerichten verhängten Freiheitsstrafen durch die öffentlichen Gerichte bedingt ausgesetzt sind (Allgem. Verf. vom 16. Sept. 1921 — JMBl. S. 490).

[145]) (Zusatz) Dagegen wird man mit Hartung DRZ. 1921 Sp. 251 das Recht, Rügen zu erteilen und andere disziplinare Eingriffe wegen unsachgemäßer Handhabung der den Gerichten übertragenen Befugnisse den Landgerichts- und Oberlandesgerichtspräsidenten nicht einräumen können, da allein der Justizminister in Gnadensachen die höhere Instanz, die Aufsichtsbehörde ist. So jetzt auch Verf. des JM. vom 21. April 1922 über die bedingte Aussetzung der Strafvollstreckung (JMBl. S. 143) zu 2: „Die Dienstaufsicht steht den Landgerichtspräsidenten und den Oberlandesgerichtspräsidenten über die Gerichte — soweit sie mit der bedingten Strafaussetzung befaßt sind — und über die Beauftragten für Gnadensachen in derselben Weise zu wie bei anderen Justizverwaltungsangelegenheiten. Insbesondere sehe ich es als zulässig an, wenn die Aufsichtsbehörden die Art der Anwendung der für den Geschäftsbetrieb in den in Frage kommenden Angelegenheiten von mir erlassenen Verfügungen überwachen. Dagegen werden die Aufsichtsbehörden von Anweisungen hinsichtlich des sachlichen Inhalts der von den Beauftragten oder den Gerichten verfügten oder vorgeschlagenen Gnadenerweise oder der sonstigen ihnen von mir übertragenen Entscheidungen abzusehen haben."

Allgemeine Verfügung in Kraft.[147]) Im übrigen wird sie samt den Bestimmungen unter Ziffer 1, 3 bis 5 der Allgemeinen Verfügung vom 9. Mai 1917[148]) (JMBl. S. 166) — vorbehaltlich der Übergangsbestimmung in § 29 — und unter Ziffer IV, 1 der Allgemeinen Verfügung vom 26. August 1919 (JMBl. S. 405)[149]) aufgehoben.[150])

Berlin, den 19. Oktober 1920.

Der Justizminister.
Dr. am Zehnhoff.

---

[147]) Durch die Gemeinschaftliche Verfügung des Justizministers und des Finanzministers vom 3. Mai 1922 (vgl. Zusatz zu Anm. 1) sind die §§ 35—38 der Allgem. Verf. vom 14. März 1917 geändert worden. Sie kommen jetzt nur noch in Frage für Forststrafsachen, soweit es sich um Geldstrafen bis zu 30 ℳ handelt und für Gewerbestrafsachen (Gewerbeordnung § 33 in Verb. mit § 147 Abs. 1 Nr. 1). Ob durch jene Gemeinschaftliche Verfügung dem Finanzminister auch das bisher dem Minister für öffentliche Arbeiten zustehende Gnadenrecht bei Zuwiderhandlungen gegen die Vorschriften über die Erhebung von Verkehrsabgaben übertragen worden ist, kann zweifelhaft sein. Die Frage dürfte aber zu verneinen sein. Es wird davon auszugehen sein, daß seit dem 1. April 1921 das bis dahin dem Minister für öffentliche Arbeiten zustehende Gnadenrecht an das Staatsministerium zurückgefallen ist und jetzt dem Justizminister zusteht. (Vgl. Anm. 1a am Ende).

III. Erlaß des Reichspräsidenten vom 24. April 1921, des Reichsministers der Justiz vom 10. Juni 1921 und Allgemeine Verfügung des Justizministers vom 15. Juni 1921 (JMBl. S. 347) sowie Erlaß des Reichspräsidenten vom 10. August 1921, des Reichsministers der Justiz vom 22. August 1921 und Allgemeine Verfügung des Justizministers vom 29. August 1921 über die bedingte Aussetzung der Vollstreckung der von den außerordentlichen Gerichten erkannten Freiheitsstrafen (JMBl. S. 457).

1. Erlaß des Reichspräsidenten vom 24. April 1921.

Der Reichsminister der Justiz kann die außerordentlichen Gerichte, die auf Grund der Verordnung vom 29. März 1921 (RGBl. S. 371) gebildet worden sind, ermächtigen, die Vollstreckung gerichtlich festgesetzter Freiheitsstrafen von nicht mehr als 6 Monaten unter Bestimmung einer Bewährungsfrist auszusetzen, bewilligte bedingte Strafaussetzung zu widerrufen und Freiheitsstrafen von nicht mehr als 6 Monaten sowie Geldstrafen, zu deren Ersatz solche Freiheitsstrafen festgesetzt sind, nach Ablauf der bewilligten Bewährungsfrist zu erlassen.

Der Reichsminister der Justiz kann ferner für den Fall, daß die Tätigkeit eines außerordentlichen Gerichts endet, mit Zustimmung der zuständigen Landesjustizverwaltung die ordentlichen Gerichte ermächtigen, in dem im Abs. 1 angegebenen Umfange bedingte Strafaussetzung zu bewilligen, die von einem außerordentlichen oder einem ordentlichen Gerichte bewilligte bedingte Strafaussetzung zu widerrufen und die Strafe nach Ablauf der Bewährungsfrist zu erlassen.

Berlin, den 24. April 1921.

Der Reichspräsident. gez. Ebert.

Der Reichsminister der Justiz. gez. Dr. Heinze.

2. Erlaß des Reichsministers der Justiz vom 10. Juni 1921.

Der Herr Reichspräsident hat sich durch den Erlaß über die bedingte Aussetzung der Strafvollstreckung vom 24. April 1921 damit einverstanden erklärt, daß ich für den Fall, daß die Tätigkeit eines außerordentlichen Gerichts endet, mit Zustimmung der zuständigen Landesjustizverwaltung die ordentlichen Gerichte ermächtige, die Vollstreckung der von einem außerordentlichen Gericht erkannten Freiheitsstrafen von nicht mehr als 6 Monaten unter Bestimmung einer Bewährungsfrist auszusetzen, die von einem außerordentlichen oder einem ordentlichen Gerichte für solche Strafen bewilligte bedingte Strafaussetzung zu widerrufen sowie die von einem außerordentlichen Gerichte festgesetzten Freiheitsstrafen von nicht mehr als 6 Monaten und Geldstrafen, zu deren Ersatz solche Freiheitsstrafen festgesetzt sind, nach Ablauf der Bewährungsfrist zu erlassen.

Unter Voraussetzung des dortigen Einverständnisses mache ich von der mir durch den Herrn Reichspräsidenten erteilten Ermächtigung Gebrauch.

An den Preußischen Herrn Justizminister.

3. Allgemeine Verfügung des Justizministers.

Der Erlaß des Herrn Reichspräsidenten vom 24. April 1921 und der mit meiner Zustimmung ergangene Erlaß des Herrn Reichsministers der Justiz vom 10. d. M. werden zur Kenntnis der beteiligten Justizbehörden gebracht. Auf das Verfahren in den unter den Erlaß des Herrn Reichsministers der Justiz fallenden Strafsachen finden die in Preußen geltenden Vorschriften über die bedingte Aussetzung der Strafvollstreckung entsprechende Anwendung.

Berlin, den 15. Juni 1921.

Der Justizminister. J. V.: Mügel.

4. Erlaß des Reichspräsidenten vom 10. August 1921.

In Erweiterung des Erlasses vom 24. April 1921 wird für die Aussetzung der Vollstreckung von Strafen, die von den auf Grund der Verordnung vom 29. März 1921 (RGBl. S. 371) gebildeten außerordentlichen Gerichten festgesetzt sind, folgendes bestimmt:

Der Reichsminister der Justiz kann mit Zustimmung der zuständigen Landesjustizverwaltung die ordentlichen Gerichte ermächtigen, die Vollstreckung der von den außerordentlichen Gerichten festgesetzten Gefängnis-, Festungshaft-, Arrest- und Haftstrafen, ohne Rücksicht auf die Dauer unter Bestimmnng einer Bewährungsfrist auszusetzen, die von einem außerordentlichen oder einem ordentlichen Gerichte bewilligte bedingte Strafaussetzung zu widerrufen und solche Freiheitsstrafen sowie Geldstrafen, zu deren Ersatz solche Freiheitsstrafen festgesetzt sind, nach Ablauf der Bewährungsfrist zu erlassen.

Der Reichsminister der Justiz kann ferner mit Zustimmung der zuständigen Landesjustizverwaltung den ordentlichen Gerichten die gleiche Befugnis für Reste der von den außerordentlichen Gerichten erkannten Zuchthausstrafen sowie für die von diesen Gerichten erkannten Geldstrafen, zu deren Ersatz Zuchthausstrafe festgesetzt ist, insoweit übertragen, als nur noch höchstens 6 Monate Zuchthausstrafe, einschließlich der an die Stelle einer Geldstrafe getretenen Zuchthausstrafe, zu verbüßen wären.

Berlin, den 10. August 1921.

Der Reichspräsident. Ebert.

Der Reichsminister der Justiz. Schiffer.

5. Erlaß des Reichsministers der Justiz vom 22. August 1921.

Der Herr Reichspräsident hat sich durch den Erlaß vom 10. August damit einverstanden erklärt, daß ich mit Zustimmung der zuständigen Landesjustizverwaltung die Ermächtigung der ordentlichen Gerichte zur bedingten Aussetzung der von den außerordentlichen Gerichten erkannten Strafen in der aus dem Erlaß ersichtlichen Weise erweitere. Die in dem Erlaß vorgesehenen Befugnisse decken sich mit den Ermächtigungen, welche das Preußische Staatsministerium durch seine Beschlüsse vom 25. Mai und 24. Juni 1921 den preußischen Strafgerichten erteilt hat. Ich mache von der Ermächtigung des Erlasses vom 10. d. M. Gebrauch.

An den preußischen Herrn Justizminister.

6. Allgemeine Verfügung des preußischen Justizministers vom 29. August 1921.

Der Erlaß des Herrn Reichspräsidenten vom 10. August 1921 und der mit meiner Zustimmung ergangene Erlaß des Herrn Reichsministers der Justiz vom 22. August 1921 werden zur Kenntnis der Justizbehörden gebracht. Auf das Verfahren in den unter den Erlaß des Herrn Reichsministers der Justiz fallenden Strafsachen finden die in Preußen geltenden Vorschriften über die bedingte Aussetzung der Strafvollstreckung entsprechende Anwendung.

Berlin, den 29. August 1921.

Der Justizminister. J. A.: Fritze.

Sachregister.

Druck von Dr. F. P. Datterer & Cie., Freising-München

FSC
www.fsc.org
MIX
Papier | Fördert
gute Waldnutzung
FSC® C083411

Kolibri 360 GmbH
Ferdinand-Jühlke-Straße 7
99095 Erfurt, Deutschland
produktsicherheit@kolibri360.de